# FRUITS PATROL

## フルーツパトロール
### 伊藤まさこ

マガジンハウス

## はじめに

小さな頃、ふたごのさくらんぼに母が安全ピンをつけて、
ブローチにしてくれました。
アメリカンチェリーだったのか、それとも日本のさくらんぼだったのか。
そこのところは曖昧なのだけれど、
私の中でそれはとてもうれしい記憶として残ったのでした。

夏休みの思い出は、くりぬいたスイカを器に仕立てたフルーツポンチや、
庭に置いたスイカのランタン。
秋はみかん狩りや柿狩り。
冬はドライフルーツたっぷりのパウンドケーキ。

……こんな風に、心に残るたのしい記憶は、
いつもフルーツとともにあるような気がします。
だっておいしいし、何よりかわいいものね。

子ども時代の記憶はそのままに、
大人になってからもずっとフルーツの魅力を追い続けている私。

この本では、気に入りのフルーツパーラーや、
フルーツのおいしい店巡りに始まり、
果樹園を訪問したり、
食いしん坊友だちにフルーツのおいしい食べ方をならったり。
家でのフルーツの楽しみ方などもご紹介。

甘かったり、酸っぱかったり。
かわいかったり、時々野生的な顔も見せてくれる、フルーツ。
その魅力が伝わるといいなぁと思います。

もくじ contents

# 1, フルーツのおいしい店

- 10 　銀座千疋屋 銀座本店 フルーツパーラー
- 14 　渋谷西村フルーツパーラー
- 18 　果実園 リーベル
- 20 　フルーツパーラー ゴトー
- 22 　資生堂パーラー 銀座本店 サロン・ド・カフェ
- 24 　喫茶　エレーナ
- 26 　新宿高野本店
- 28 　PATISSERIE ASAKO IWAYANAGI
- 30 　近江屋洋菓子店
- 34 　ホットケーキパーラー Fru-Full
- 36 　はまの屋パーラー
- 38 　フルーツパーラーICHIMAN
- 40 　アンティカ・ジェラテリア 玉川店
- 42 　イグル氷菓
- 44 　BAR IL PRIMARIO
- 46 　銀座スカイラウンジ
- 48 　フードムード
- 50 　ベジタリアン新橋本店
- 52 　オールドインペリアルバー
- 54 　フルーツパーラー ヤオイソ
- 56 　ラ・ヴァチュール
- 58 　フルーツパーラー クリケット

## 2, 果樹園探訪

- 62 常吉いちご園 ［いちご］
- 66 あんずの里のあんずショップ 横島物産 ［あんず］
- 72 にしだ果樹園 ［桃］
- 76 藤井果樹園 ［いちじく］
- 82 中村柿ぶどう園 ［ぶどう］

## 3, 教わるレシピ

- 90 桃とプラムのサンドイッチ／鶴見昂
- 96 いちじくと緑茶のスープ
     桃のアグロドルチェ
     ゴルビーのサラダ／渡辺康啓
- 102 タルト・タタン／坂田阿希子

## 4, フルーツを巡る旅

- 110 台湾（台南＆台北）
- 122 バンコク
- 132 番外編 フルーツ容器パトロールに！

## 5, 家でもフルーツ

- 138 いちご
  いちごシロップ／いちごワイン
- 142 あんず
  あんずジャム
- 146 缶詰
  フルーツポンチ
- 150 いちじく
  いちじくのコンポート／いちじくジャム
- 154 りんご
  りんごのソテー バニラアイス添え／りんごのコンポート
- 158 レモン
  レモンチェッロ／レモンのはちみつ漬け

## 6, フルーツの手土産

- 164 ハヤシフルーツのパインゼリー
- 166 京橋 千疋屋の自家製
  ロイヤルマスクメロンシャーベット
- 168 レモンケーキいろいろ
- 170 パリのフルーツ手土産
- 172 北欧のフルーツ手土産

＊大さじ1は15㎖、小さじ1は5㎖、1カップは200㎖です。
＊本書に掲載されているメニュー、店舗内装、フルーツの情報は取材時のものです。
　変更の可能性がありますので、おでかけの際はあらかじめご確認ください。

# FRUITS PATROL

# 1,

# フルーツのおいしい店

## 銀座千疋屋 銀座本店
### フルーツパーラー

銀座千疋屋本店の銀座パフェは一年を通していただける。

## フルーツパーラーと私

「フルーツパーラー」。このなんとも乙女心をくすぐる言葉を生み出したのは銀座千疋屋の2代目社長。初代が名づけた「果物食堂」をもっと洒落たものへとアレンジしたのがはじまりとか。以来なんと100年以上にもわたって世の中のフルーツ好きを魅了してきました。もちろん私もそのうちのひとり。買いものをしたり映画を観たり、または仕事帰りでも。銀座に来たのなら必ず千疋屋に寄る、というのが、この街で過ごす流儀になっています。

　銀座千疋屋を訪れたらまず1階に並ぶ宝石のようなフルーツを拝見。おつかいものがあったらお店の方に相談をしながら買いものを。帰りがけに寄りますねと包装をお願いし、いざ2階のパーラーへと向かいます。さて今日は何を食べようかな。とメニューを眺めるものの、たいていいつも季節のフルーツがたっぷりのったその名も「銀座パフェ」を注文します。えらび抜かれたフルーツのおいしさはいわずもがなですが、どうです？　この横顔の美しさ。すっくとした気品のある佇まいこそこの街にふさわしいではありませんか。「ここに来たら必ず満足する」決して期待を裏切ることのない安心感。このお店に足が向く理由はそんなところにあるのでした。

フルーツのおいしい店

おみやげにはフルーツサンドを。

　ここでのたのしみのひとつが、ちらりと厨房をのぞくこと。今まさに食べ頃のフルーツが、美しくカットされ、パフェやフルーツポンチ、サンドウィッチに仕上げられていく……てきぱきとした手さばきに毎度、惚れ惚れするのです。

**銀座千疋屋 銀座本店 フルーツパーラー**
銀座へ行ったら寄ってみたい、パフェの聖地。定番のパフェのほかに、季節のパフェや懐かしのプリンアラモード、フルーツポンチも人気。

住所　東京都中央区銀座 5-5-1
電話　03-3572-0101
営業時間　11：00 〜 20：00（日祝〜 19：00）
定休日　無休
www.ginza-sembikiya.jp

きれいな姿形をしたフルーツが
待っています。

フルーツのおいしい店

渋谷西村フルーツパーラー

プリンアラモード。キャラメルのほろ苦さと卵の風味がきいた昔懐かしい味わいのプリン。

お店のあるビルから見たスクランブル交差点の風景。

## 渋谷にある私のオアシス

　今ではすっかり観光名所になった渋谷駅前のスクランブル交差点。多いときは一度に3,000人もの人が移動するそうで(!!)、人ごみが少々苦手な私はここを渡る時そうとうな覚悟が必要です。でも大丈夫。そのすぐ先にフルーツのオアシスが待っているから。
「西村總本店」の創業は明治43年。今の文京区に高級果実店としてオープンしました。その後、順調に店舗を増やし、この渋谷の地に果実店を開いたのが今から80年ほど前の昭和10年。翌年にはフルーツパーラーも開設し、「渋谷のフルーツパーラーといえば西村」という不動の地位を獲得！

「戦前から親子三代にわたって通ってくださるお客様も少なくありません。渋谷に来れば西村がある。そんな安心感があるとおっしゃってくださる方もいてうれしいかぎりです」と専務の西村元孝さん。
　今日は旬のフルーツがたっぷり入った定番のプリンアラモードを。ああおいしい……としみじみしながらふと周りを見渡せば、デート中の高校生や家族連れ、女性のひとり客……みんなフルーツを目の前になんともいえずうれしそうな顔をしている。なるほど、ここはみんなのオアシスでもあるのですね。

まるごとひとつの桃を使った特選ももパフェ！

　季節のフルーツを使ったジュースも見逃せません。のんびり喉を潤したい時は2階の喫茶店へ。おいしいジュースが飲みたい、でも時間がない！　なんて時は、1階のジューススタンドへ。仕事場が近いこともあって、夏は週に一、二度訪れる、気に入りの場所。

食べ頃のフルーツがずらり。その時々のおすすめを詰めたフルーツバスケットもすてきです。

**渋谷西村フルーツパーラー道玄坂店**

創業は1910年、35年に現在の渋谷に店舗を構える。1階では果物を販売している。店舗リニューアルに伴い、内装やメニューが変更。

住所　東京都渋谷区宇田川町 22-2 西村ビル 2F
電話　03-3476-2002
営業時間　10：30 〜 23：00（22：30LO）、日祝 10：00 〜 22：30（22：00LO）
定休日　無休

フルーツのおいしい店

# 果実園 リーベル

瀬戸ジャイアンツのパフェ。厨房から運ばれてくる姿は店中の注目の的。

## フルーツで満腹

時々、無性にフルーツをお腹いっぱい食べたい！という欲望にかられることがあります。そんな時まっ先に頭に思い浮かぶのが、ここ目黒駅近くの果実園 リーベル。どうやらそう思うのは私だけではないようで店内はいつもフルーツ好きのお客様でいっぱい。

「うちのパフェは8割フルーツ、2割クリーム。赤字覚悟の大盤振る舞い！」。そうおっしゃるのは、お店に来るお客様のためにと毎日毎日市場に出向き、食べ頃のフルーツを仕入れるという長嶺社長。この道50年というフルーツの大ベテランです。

今日いただいたのは、瀬戸ジャイアンツが一房入ったパフェ。小ぶりの房とはいえ、まさか丸ごと……とびっくりしていると「桃の季節は2個、マンゴーは1個半、いちごはひとパック入れてパフェにするんですよ」と社長。マンゴー1個半が入ったパフェ、私食べましたっ！ とってもとっても満足でしたっ！ そうお伝えすると、「うちはお得感を求めて来るお客様が多いからねぇ」とにっこり。目黒に店を開いて5年余り。お客様の声に耳を傾け日々新しいメニューを考えているという社長。またすぐに来ないといけない。山盛りのフルーツに会いにね。

こちらも大好物。完熟バナナと生クリーム、バニラアイスとチョコレートという黄金の組み合わせ。

**果実園 リーベル**
「新鮮な季節のフルーツをいっぱい食べてほしい」が信条。ランチメニューにも添えられる。

**住所** 東京都目黒区目黒1-3-16 プレジデント目黒ハイツ2F
**電話** 03-6417-4740
**営業時間** 7：30〜23：00（22：30LO）
　　　　　　 7：30〜22：00（21：30LO）日曜日
**定休日** 無休

# フルーツパーラー ゴトー

こちらが本日のフルーツパフェ。見た目の美しさもゴトーのパフェの魅力。

## パルフェなパフェを
## 浅草で

　おだんご、提灯、下駄にかつら!?さすが下町と思わずうなる品々が並ぶここは浅草ひさご通り商店街。その中の一角にとても洗練された佇まい(たたず)のフルーツパーラーがあります。
「季節はもちろんですが、日によってフルーツの熟し具合が微妙に違う。だからメニューは毎日変わるんですよ」そうおっしゃるのは店主の後藤浩一さん。なるほどメニューは日付が入った一枚の紙。「本日は白いちじくの入荷がないので桝井ドーフィンのみです」なんて書いてある。つまりその日だけ一期一会のパフェが味わえるのです。さて今日はさんざん悩んだ末に「本日のフルーツパフェ」をオーダー。奈良県産の刀根早生柿(とねわせがき)、福島産の新高梨(にいたかなし)、長野産の紅玉のほか、ざくろやキウイ、ゴールドパイナップルが入った魅惑の一品。「パフェに入るアイスクリームは、パインとバナナ、オレンジ、りんご4種のフルーツを合わせたもの。りんごのコンフィチュールも自家製です」と後藤さん。甘み、酸味、食感……いろいろな味の要素を組み立てて完成したパフェのなんとおいしいこと。
　パフェの語源はフランス語のパルフェ（完全な）というけれど、ああゴトーのパフェこそ本当のパフェなのだなと独りごちたのでした。

**フルーツパーラー ゴトー**
浅草のアーケード商店街の中にひときわ目立つ、コンクリート打ち放しの建物。日替わりのフルーツパフェやフルーツサンドが人気。

**住所**　東京都台東区浅草 2-15-4
**電話**　03-3844-6988
**営業時間**　11：00〜19：00
**定休日**　水曜日（臨時休業あり）

フルーツのおいしい店

資生堂パーラー銀座本店
サロン・ド・カフェ

ストロベリーソースとアイスクリームのグラデーションが美しい！
ストロベリーパフェ。

## まるで乙女のような

　真上から見ると赤いスカートをふわりと広げたような。横姿は背筋をすっと伸ばして立つ乙女のような。もしも「一番美しいと思うストロベリーパフェはどこのもの？」そう誰かにたずねられたら、私は迷うことなく資生堂パーラー！　そう答えるでしょう。
「まずつぶしてから軽く火を通したいちごのソースを下に。次にバニラアイスクリーム、生クリーム、いちごアイスクリームと重ね、仕上げにいちごをあしらって完成です。味わいはもちろんですが、どの角度から見てもバランスよく美しく見えるようにと心がけています」と飲料長の橋本和久さん。

　いちごは、その時期に一番おいしい品種を。ソースの火の通し具合や、自家製アイスクリームのなめらかな口どけ、ちょこんとのった生クリーム……ひとつとして抜かりのないおいしさは、まさにストロベリーパフェの王道です。「シンプルなだけにごまかしがきかない。だから毎日、いえ毎回このパフェを作るときは真剣勝負なんです。自分がおいしい！と心から思ったものをお客様にも味わっていただきたい。そう思っているんですよ」。赤いスカートをはいた可憐な乙女は、こんな熱い想いのシェフが支えているのでした。

正当派プリンをフルーツがぐるりと囲んだプリン・ア・ラ・モードも素敵。

ここに来る時はいつもより少しお洒落して。背筋を伸ばしてテーブルに向かいます。

**資生堂パーラー　銀座本店　サロン・ド・カフェ**
全国からこだわりのいちごを取り寄せて仕立てるストロベリーパフェを月替わりで提供。

**住所**　東京都中央区銀座 8-8-3 東京銀座資生堂ビル3F
**電話**　03-5537-6231（予約不可）
**営業時間**　11：30 ～ 21：00（日祝～ 20：00）
**定休日**　月曜日（祝日の場合は営業）

フルーツのおいしい店

喫茶 エレーナ

お店奥の窓から港を見下ろしながらいただくいちごパフェは最高です。

## 横浜の高台で

晴れた日の午後。ぽっかり予定が空いたなら、車を運転してどこかに行きたい。できればそんなに遠くなくて、でものんびりとした空気が漂っていて、気分転換になるところに。横浜の山手の高台に佇むエレーナは、そんな気分にぴったりな喫茶店です。

「オープンしたのは1975年。その時から港を見下ろす風景や周りの様子はだいぶ変わったけれど、店のメニューはずっと変わらず、私が本当によいと思う素材をえらんで、手をかけて作ったものをお出ししてきました」とオーナーの服部静雄さん。

季節のタルトやパンプキンプリン、レモンのスライスなどがたっぷり入ったレモネードなどお客様から愛されるメニューはたくさんですが、中でも人気なのがいちごのパフェ。新鮮ないちご、生クリーム、バニラアイス、ストロベリーアイス、そしてそしてやさしい甘みのカスタードクリーム！……魅惑の素材が層になっていて、するするとお腹に入り込んでいきます。

横浜でおよそ45年。いつでも変わらず、おいしくておだやかな時間が過ごせるのは服部さんの変わらぬ姿勢があってこそ。ありがたいことです。

国産のレモンがたっぷり入ったレモネード。きりっとした味わい。

**喫茶　エレーナ**

横浜のみなとみらいを一望できる高台にある喫茶店。季節の果物を使ったタルトや本格的なコーヒー、サンドイッチも人気。

住所　神奈川県横浜市中区山手町24
電話　045-662-2723
営業時　9：00～20：00
定休日　水曜日、第1火曜日

フルーツのおいしい店

新宿高野本店

マスクメロンを中心にフルーツが彩りを添えるバスケット。

パフェリオ本店のマスクメロンパフェ。

## 贈りものは新宿高野で

　目上の、それもおいしいものを知り尽くした方へ贈りものをえらぶ時には緊張感が走るものです。

　今までいろいろな失敗を繰り返してきましたが、ここ数年はたしかな店でえらんだフルーツをお贈りするのが一番！ということに落ち着きました。新宿高野のフルーツは、包みを一目見ただけで、「あら高野さんのね」と笑顔を浮かべてくださる率が非常に高い最高の贈りもの。老舗ならではの安定感と安心感があるのです。とくに目を見張るのが地下1階のフルーツギフトフロアに設けられたマスクメロン専用ショップ。ここではマスクメロンに精通したアドバイザーの方が、きめ細かに相談に乗ってくださいます。それもその

はず、およそ130年前の創業間もなく、新宿御苑内にあった果実試験場でマスクメロンの栽培に成功したという高野。「新宿生まれのマスクメロンを大事にしたい」、そんな想いが込められているのだとか。

　さて。贈りもののメロンを包んでいただいている間、向かう先は地下2階のフルーツパフェ専門店「パフェリオ」。パフェはもちろんマスクメロンをチョイス。今日はメロン三昧の一日です。

**新宿高野本店**
本店は、ギフトを扱う地下フロア、定番パフェのほか季節のメニューが豊富な5階のフルーツパーラーに分かれる。

住所　東京都新宿区新宿 3-26-11
電話　03-5368-5149（ギフト）、03-3356-7155（パフェリオ）
営業時間　10：00〜20：00（パフェリオは〜20：30）

# PATISSERIE ASAKO IWAYANAGI

どうです、この美しさ！ 月がわりの「季節のパルフェ」。訪れた3月は「パルフェジャポネ〜季節の柑橘とともに〜」。毎月2種で、テーマごとに変わる。

## 男前のパフェに出会った日

「パフェ」という言葉を聞くだけで、なんだかウキウキしてきてしまう。あのちょっと細長いグラスに閉じ込められた世界を心ゆくまで堪能したい。作った人の心意気を感じたい。そう思う人はきっと私だけではないはずです。

今日はつねづね気になっていた、〈PATISSERIE ASAKO IWAYANAGI〉にやってきました。春の時期、柑橘のフルーツを使ったパフェが食べられるんですって。

さて、店に入ると今まさにガラスの向こうの厨房でシェフの岩柳麻子さんがパフェを作っている最中。ひとつひとつ、それはていねいに、真剣に向かい合うその様子は「作る」というより「構築していく」そんな感じ。やがてできあがったパフェの美しさといったら!
「まず一番下には無農薬のレモンのコンフィチュールを。その上にレモンジュレ。真ん中には練乳のブランマンジェ。ブランマンジェを囲むように、黒豆とえんどう豆と抹茶のジュレを。さらにその上に粟と黍のシリアル、白玉、黒糖のわらび餅、黒ごま入りのきなこジェラートと抹茶のジェラート、白ごまのチュイール、そして季節の柑橘のデコポンときよみを添えてできあがりです」と麻子さん。ひとつのパフェができあがるまでに、いったいいくつの工程を経ているのだろう?

不思議なことに、手が込んでいるにもかかわらず、なぜだか味わいは懐かしい。そして食べ終わった時、口の中がさっぱりしているのです。

味の組み立てはどうやって決めるのでしょう?
「いつもテーマに沿って考えるのですが、今回は和のパフェにしようというのが、まず頭に。それとおいしいレモンが手に入ったので、レモンのコンフィチュールを軸にしようと思いました」

甘い、酸っぱい、少しほろ苦い……という味わいのちがいとともに、食感も変化に富んだ麻子さんのパフェ。いつもどうしたら最後までおいしく食べられるかを考えているのだそう。
「定番は作らない」という麻子さん。いつも1から考えたい、作るごとにレベルを上げていきたい、そうおっしゃるその姿は、なんとも男前。〈PATISSERIE ASAKO IWAYANAGI〉のパフェは、そんな気持ちにさせてくれるパフェでしたよ。

**PATISSERIE ASAKO IWAYANAGI**
〈パティスリィ　アサコ　イワヤナギ〉

内装は麻子さんの夫で建築家である宿澤巧さんが手がけられたとか。お店で使う桃やぶどう、さくらんぼなどのフルーツは宿澤さんのご実家の農園のものを使っているそう。

住所　東京都世田谷区等々力4-4-5
電話　03-6432-3878
営業時間　10:00〜19:00
定休日　月曜日

近江屋洋菓子店

仕入れの状況によって変わるフルーツの組み合わせに毎回ドキドキ。

焼き菓子は、こんなかわいらしいラッピング。

## 手みやげはあの洋菓子店で

　手みやげ、何にしようかな？　と考えた時にまっ先に思い浮かぶのが、近江屋洋菓子店のフルーツポンチです。色とりどりのフルーツが瓶の中に詰まった様子はそれはそれは愛らしく、何よりおいしい。小さな子どもからお年寄りまで、幅広い層の方々に喜んでもらえる贈りものです。かくいう私も大好物。家の冷蔵庫にこの瓶があるだけで幸せな気持ちになります。

　さて今日はどんなフルーツが入っているの？とのぞいてみると……バナナ、メロン、マンゴー、マスカット、梨、りんご、ピンクグレープフルーツ、パイナップル、キウイ、そしてなんと栗⁉

　「毎日、朝5時に市場に出向いて仕入れをします。ちょっと形がいびつで高級果物店には並ばないものでも、味がおいしければそれでいい。いいものを安くお客様に提供したい、そう思っているんですよ」とおっしゃるのは社長の吉田太朗さん。もう何十年も市場に通っているので、どこにどんなフルーツがあるか熟知されているそう。市場を歩けば世界中の季節が見えてくるのですって！　安心感と信頼感に包まれた近江屋洋菓子店のお菓子のおいしさの後ろには、社長さんのフルーツに込めた想いが潜んでいたのでした。

フルーツのおいしい店

この愛らしさ!!

　ガラスのショーケースの向かいは、イートインのコーナー。パンやコーヒー、スープなどはセルフサービス。気取りがなく、落ち着く店内に心なごみます。今日は「ショートケーキの中で、もしかしたら日本で一番かわいらしい見かけなのでは？」と思っているいちごサンドショートをいただきました。

天井が高く、奥に広がりのある店内。私が好きなのはカウンターの席。

社長の吉田さん。

**近江屋洋菓子店**

創業は1884年(明治17年)。アメリカで修行した2代目から洋菓子店となる。吉田太朗さんは4代目。

**住所**　東京都千代田区神田淡路町2-4
**電話**　03-3251-1088
**営業時間**　9:00～19:00、日祝10:00～17:30(イートインは～17:00)
**定休日**　無休

フルーツのおいしい店

バナナカスタードシェイクは、なんとバニラアイス入り！

ホットケーキパーラー
Fru-Full

焼きたてほかほかのホットケーキ。

## 赤坂でほっと一息

　神田のフルーツパーラーの名店、「万惣」が突然幕を閉じたのは2012年のこと。あのホットケーキがもう味わえないのかと嘆いた人も多いのではないでしょうか。でも大丈夫。神様は見放さないでいてくれました。ここ赤坂のフルーツパーラー・フルフルのご主人、其田秀一さんは万惣で修業を積まれた方。2013年の開店当初から「あの味健在！」とちまたでは喜びの声があがりました。「ホットケーキのもともとの発想は、どら焼きなんです。万惣時代からの年配のお客様からとても喜ばれているんですよ」とフルーツ仕入れ担当の川島克之さん。どら焼きとはびっくりですが、言われてみるとなるほど。なんだかちょっと懐かしくてやさしい味わいです。

　こんがり焼けたホットケーキの横には、固めに仕上げた生クリームと季節のフルーツをふんだんに和えたものが添えられます。オリジナルのシロップをたっぷりかけて一口パクリ。うーん、いつ食べても大満足のこの安定感。今日はバナナカスタードシェイクも注文。シェイク→ホットケーキ→シェイク→ホットケーキ……ああ、このままずっとなくならなければいいのに！と欲張りな気持ちになるのでした。

**ホットケーキパーラー Fru-Full**
小さめホットケーキやハーフサイズのフルーツサンドにミニパフェがつく夢のような「アフタヌーンティーセット」が評判。

**住所**　東京都港区赤坂2-17-52 パラッツォ赤坂1F
**電話**　03-3583-2425
**営業時間**　11:00〜19:30LO（土日祝〜18:00LO）
**定休日**　月曜日

フルーツのおいしい店

はまの屋パーラー

缶詰のフルーツと季節の果物がふんだんに入ったフルーツ・サンドゥイッチ。

## 有楽町で会いました

「ねぇ、伊藤さん。有楽町のサンドウィッチがおいしい喫茶店知ってる？ はまの屋っていうんだけどね、いかにもおじさんのオアシスって感じで居心地がいいんだよ」。有楽町？　サンドウィッチ？　知らないなぁ。そう答えるとその人はとってもうれしそうに、そこがどんなに素晴らしいかを熱く語ってくれたのでした。そんなにすてきな喫茶店が有楽町にあったとは。いつか行ってみたいものだなぁ………と思っていたそのいつかが今日なのです。

はまの屋の創業は昭和41年。ビジネス街で働くおじさんたちに愛されること45年でいったん幕を下ろし、再オープンしたのが2012年のこと。オーナーこそ変わりましたが、味や雰囲気は先代が作り上げたものをしっかり受け継ぎ、営業しています。

さて今日は好物のフルーツサンドとバナナジュースをいただきます。一口食べて、あれ、何？　この感じ………そう、これはまぎれもなく子どもの頃に母が作ってくれたものと同じ味。なんだか急に懐かしさがこみ上げると同時に親しみも。このお店が人気の理由ってこんなところにもあるんじゃないかな。

バナナジュース。
次回は卵サンドと一緒に食べたい。

**はまの屋パーラー**

インテリアも昭和感でいっぱい。ボリュームのある「サンドゥイッチ」が人気。食事に250円プラスでコーヒー、紅茶がつけられる。

住所　東京都千代田区有楽町1-12-1 新有楽町ビルB1
電話　03-3212-7447
営業時間　9：00〜18：00、日10：00〜17：00
定休日　祝日

# フルーツパーラーICHIMAN

ザ・ショートケーキといった風情の正しいショートケーキ。

## いちご天国

赤くてあまくて少し酸っぱくて……春を代表するフルーツといえばいちごです。そのまま食べても、またマリネにしても、火を通してジャムやシロップにしてもおいしい。見た目の愛らしさも相まって、いちごが好き、という人は世の中にたくさんいるのではないかな、と思います。もちろん私もそのうちのひとり。

今日は小田急線・経堂駅から歩いてすぐのフルーツ パーラー ICHIMAN へ。なんでもここいちまんは、埼玉の自社農園で育てた採れたていちごを使ったショートケーキやパフェ、フレッシュジュースがいただけるのだとか。「いちごといっても種類はいろいろ。たとえばメニューに使用している紅ほっぺは昔ながらの味わいです。甘味と酸味が絶妙なため、ぜひ一度めしあがっていただきたい品種です」とお店の方。

赤ちゃん連れのお母さん、学校帰りの女子高生、近所を散歩中に立ち寄ったおじいちゃん。店内にはいちごファンがたくさん。みんないちごを前に、なんとも幸せそう。冬から春にかけて、何度も通いたくなるそんな店でした。

採れたていちごは買えるときも。

ソフトクリームやフロマージュブランは埼玉県の加藤牧場直送のものを使用。

**フルーツパーラー ICHIMAN**
自社農園サンリツファームの完熟いちごを使用。国内の果樹園から取り寄せたくだもののスイーツも楽しめる。

住所　東京都世田谷区宮坂 3-18-2
電話　03-6413-1587
営業時間　11：00 〜 20：00（19：30LO）
定休日　月曜日（祝日の場合は翌日休）

アンティカ・ジェラテリア 玉川店

右はホワイトチョコとラズベリー、左はいちごのジェラート。

## おつきあいは 30 年

だれにでも通い慣れたデパートがあると思いますが、私の場合のそれは玉川髙島屋です。子どもの頃から通っているので、もう何十年ものおつきあい。そんな玉川髙島屋の地下1階においしいジェラート屋ができた! という噂を聞きつけたのは、私が高校生の頃でした。その頃の私といえば学校帰りに毎日、自由が丘の数あるアイスクリーム屋にせっせと通いメニューを制覇。アイスクリーム・パトロールをしていたのです。……が驚きました、ここのアイスクリームならぬジェラートには。だってフルーツがそのままなめらかで口どけのよい今までに食べたこともないものになっているのだから!! 今では20歳の娘も大ファン。親子二代で……と思うと感慨深いものがあります。

常時25種類あるというジェラート。いつもダブルを頼み、組み合わせの妙を楽しんでいます。平日の午前中などは場所柄か身なりの整ったおばあちゃまも多くて、席をならべてジェラートをいただくことも。きっと私もいくつになってもここに通うんだろうなぁ。

季節のフルーツがずらりと並ぶその姿に毎度心がときめきます。

**アンティカ・ジェラテリア 玉川店**
ジェラートはシングル 400 円、ダブル 470 円、トリプル 570 円。現在はカップのみでの提供。

**住所** 東京都世田谷区玉川 3-17-1 玉川髙島屋 B1
**電話** 03-3709-3111(代表)
**営業時間** 10:00 〜 20:00
**定休日** 不定休(玉川髙島屋に準ずる)

お店に入るとまず目に飛び込むのがこの光景！

## イグル氷菓

## ひんやりアイスキャンディはいかが?

　夏といえばアイスです。それも、さっぱりとしたフルーツを使ったアイスキャンディが無性に恋しくなります。海からほど近くの鎌倉の街。ガタンゴトンと江ノ電が前を通り過ぎる、なんとものどかな場所に佇むイグル氷菓には、いちごミルク、キウイ、マンゴーなどのアイスキャンディがずらり。
「外国の女の子がアイスキャンディ屋さんを開いたら、こんな感じかな?というイメージで店づくりをしました」と店主の新由美子さん。まず考えたのはアイスの色合いだったのだとか!なるほど並んだその姿、ものすごくかわいいです。
　カリッ。一口食べると口の中がフルーツの香りでいっぱいに。冷たくて甘くて、少し酸味も残っていて。見た目も味もなんともバランスのよいアイスキャンディは、定番のほかに、地元神奈川産のフルーツを使ったものも作っているとか。訪れた日は、海老名のいちごと、柑橘の湘南ゴールドの2種類が。夏にかけて三浦産のスイカやメロンも出るそうですよ。

中:神奈川産のフルーツで作られる、その名も「かながわさん」。通販もしてくれるそう。

### イグル氷菓

神奈川で生産される食材を使った季節のアイスキャンディとジェラートのお店。通販もあり。近くにご主人が営むジェラート屋さん「The Market SE1(ザ・マーケット・エスイーワン)」がある。

**住所**　神奈川県鎌倉市腰越3-8-26
**電話**　0467-32-3539
**営業時間**　11:00〜16:00
**定休日**　不定休(HP要確認)

## BAR IL PRIMARIO
バール イル プリマリオ

1日に約40個も絞るというオレンジジュース。
私の周りの料理家たちも気に入りのようで、ここでばったり、なんてことも。

## ジュース? ミモザ?
## 紀ノ国屋で
## オレンジざんまい

　ハワイやニューヨーク、台湾……外国では、スーパーや市場でわりと気軽に100%のフレッシュオレンジジュースが飲めるのに、どうして日本ではあまりお目にかかれないんだろう? と不思議に思っていました。

　ところがある日、青山のスーパー、紀ノ国屋に隣接するカフェ「BAR IL PRIMARIO」でフレッシュジュースを発見。ここでは搾りたて100%のオレンジジュースがいつでも味わえるんですって。買いものした後、車に荷物を積み込む前にジュースで一服ができるなんて、すっごくいい。ただ喉を潤すだけじゃない、ビタミン補給もできるんだもの。

　しかも最近、メニューにオレンジジュースのスパークリングワイン割り「ミモザ」も発見し、うれしさは倍増。こちらはさすがに車に乗る前に、とはいかないので、青山近辺の食事の前に軽く一杯。

　明るくカジュアルな店なので、ひとりでも大丈夫。大人のフルーツのたのしみ方はこうでないとね。

スパークリングワインで割るとたちまち大人の味になります。

**BAR IL PRIMARIO〈バールイルプリマリオ〉**
紀ノ国屋 インターナショナル(青山店)の地下にあるバール。オレンジジュースもこちらで搾っている。

**住所**　東京都港区北青山 3-11-7 Ao ビル B1
**電話**　03-3409-3717
**営業時間**　9:30〜21:00
**定休日**　無休

フルーツのおいしい店

# 銀座スカイラウンジ

生クリームの中には栗がたっぷり。手の熱を伝えないよう素早く仕上げないといけないのだそう。

# 銀座スカイラウンジの
# マロンシャンテリー

　秋になると気になるもの。それは栗のデザートです。銀座スカイラウンジのマロンシャンテリーは、こっくりした栗の風味と可憐な飾りつけの生クリームが印象的な一品です。誕生したのは今からなんと60年ほども前のこと。形もレシピも初代製菓長が考案したものを今でも忠実に守っているのだとか。「栗は、裏ごしを2回してなめらかにしたものを、さらに目の粗い裏ごし器にかけ、ふわりと空気を含ませるようにして仕上げます」とお店の方。舌触りのよい栗は、甘く煮た栗を使うのだとか！　どことなく懐かしい味わいの秘密は、甘露煮を使っていたからなのですね。

　銀座の街を一望できる回転レストランは一周およそ80分。私が訪れたこの日、品のよいおばあちゃまがふたり、窓の外を眺めながら、のんびり食後のお茶を楽しんでいました。こんな過ごし方、なんだか憧れるなぁ。時おり外に目をやると、あれ、景色が変わってる!?　なんだか不思議、そして楽しい午後のひとときなのでした。お店のおすすめはシャンパンとの組み合わせ。「夜になるとピアノの演奏もありますので一緒にぜひ」とのこと。マロンシャンテリーとシャンパンと銀座の夜景なんて、すてきではありませんか。

持ち帰りの箱も可憐です。

**銀座スカイラウンジ**
1965年創業。360度ゆっくりと回転するので当時は遠くに富士山が見えたとか。

**住所**　東京都千代田区有楽町 2-10-1 東京交通会館 15F
**電話**　03-3212-2775
**営業時間**　11：00 ～ 22：00
**定休日**　無休(年末年始を除く)

フルーツのおいしい店

# フードムード

できたて、ふわっふわの桃サンドと栗サンド。

黄桃と甘酒アイスのパフェには、甘酒入りアイスや特製メープルグラノーラが。

## しほさんのシフォンサンド

　栗ようかん、栗きんとん、栗最中に栗おはぎ。栗の季節は食べ逃してなるものか！ とばかりに、いつにも増して食欲が前のめり。思う存分、栗のお菓子を堪能し、秋を満喫しています。

　どことなく気持ちが和に向きがちな栗菓子ですが、洋部門で忘れてはならないのが、なかしましほさんのお店〈フードムード〉の「栗シフォンサンド」。春はいちご、初夏はあんず、夏の間はブルーベリー、そして秋の今日は白桃と栗。季節のフルーツと生クリームを、キメ細かいシフォンケーキの生地ではさんだ〈フードムード〉のシフォンサンドは、ふわふわしていて、しっとりしていて、「こんなのあったらいいな」と食いしん坊が思い描く夢が、形となって目の前に現れたような、そんなお菓子。食べるたびに、よくぞ作ってくれました、ありがとう、とひとりウンウンうなずくのはいつものことです。
「栗は粒々とした食感が残るように、ざっくりつぶして、お砂糖を混ぜ、風味づけにラム酒を少し。一年を通して作っているシフォンサンドの中でも、とても人気なんですよ」と、しほさん。

　今日も10時の開店から、栗のサンドお目当てにやってきたお客様でいっぱい。みなさん、運ばれてきた栗サンドを前に、それはうれしそうです。

　今日は欲張って、もう少しでおいしいという桃のシフォンサンドもいただきます。「白桃は軽くコンポートして。桃の生クリームには少しだけヨーグルトを混ぜてさっぱりさせました」としほさん。フルーツによって、生のままだけでなくさっと火を通したり、砂糖の量を変えたり、こんな風に生クリームにヨーグルトを足したりして、これ！ というサンドに仕立て上げるのだそうです。

　さて。栗が終わったら、次はキャラメリゼしたりんごのサンドになるそう。ふわふわシフォンに生クリーム、そして少しほろ苦いりんご……ああ考えただけでおいしそうではありませんか。

　食べている間に、グラノーラやクッキーを包んでもらい、ホクホクしながら帰るのもいつものこと。これまで、あまりなじみのなかった国立という街が、なんだか身近に感じるようになってきたのは、ひとえにしほさんのおかげかも。

**フードムード**
料理家のなかしましほさんによるシフォンケーキ、クッキーなどが並ぶ「おやつの店」。カフェも併設されている。お昼時には、食事向けの塩味の焼き菓子も並ぶ。一部の商品は予約も可能。

**住所**　東京都国立市西 2-19-2
**電話**　042-573-0244
**営業時間**　10:00 〜 17:00
**定休日**　日曜日、月曜日

フルーツのおいしい店

カラーに満ちあふれた店内。いるだけで元気になりますが長居は野暮。さっと飲んでさっと帰るのがここでの流儀です。

ベジタリアン新橋本店

## 新橋で一杯

　すぐおとなりの銀座とはひと味もふた味も違う空気感に包まれた街、新橋。おじさんの聖地として知られた場所ですが、居心地よさそうな飲み屋が並んでいて、なじんだ仲間と仕事帰りに一杯なんて気分になるの、なんとなく分かるな。とは思いつつも私が向かう先は昼間の新橋。駅前のSL広場に面したニュー新橋ビル1階のジュースバー、ベジタリアンです。

　ベジタリアンという名の通り、野菜ジュースが豊富ですが、フルーツジュースもたくさん。何よりジュースに添えられた文章に毎度泣かされます。たとえば柿ジュース「二日酔いの朝に！」。梨ジュースは「脂肪燃焼!!　疲労回復に！」。キウイフルーツジュースは「ビタミンC食物繊維豊富。ストレス解消、整腸作用あり」。ね？

　野菜とフルーツのミックスジュースも数えきれないほど。どうやって組み合わせを考えるのですか？と社長の菊池順子さんにたずねたところ「そうねぇ。ほら、毎日お味噌汁の具を考えるでしょう？　家にある季節の野菜で。それと同じ感覚ね」とのこと。うーむ、なるほど。新橋に店を構えて49年。愛される秘密は、ジュースのおかげで何十年も風邪ひとつひかないというお肌つるつるの菊池さんの笑顔にあるのでした。

左・アサイージュースと、
右・生野菜ミックス。

**ベジタリアン新橋本店**
手作りサンドイッチもおすすめ。たまご、りんごサンド100円（ジュースを注文した人のみ）。

**住所**　東京都港区新橋2-16-1 ニュー新橋ビル1F
**電話**　03-3591-8676
**営業時間**　8：00～19：00LO
**定休日**　日曜日、祝日（土は不定休）

フルーツのおいしい店

## オールドインペリアルバー

カウンター席の照明はスポットライトのよう。
カクテルがよりおいしそうに見えます。

## 秋のフルーツ・カクテル

「実りの秋」なんていわれるくらいですもの、フルーツも、秋にしか味わえないものがたくさん出回ります。帝国ホテルのオールドインペリアルバーでは、この季節、ぶどうのカクテルが登場。「ぶどうはシャインマスカットという大粒のものを皮ごと使います。マスカットの女王と呼ばれている品種なんですよ」とはこのフルーツカクテル「ヴィニョーブル」の制作者・吉田将也さんです。シャインマスカットのピュレに加えられるのは100％フランス産のぶどうで作られたウォッカやリキュール、レモンジュースなどなど。飲み口のさわやかさに加えて、甘みや酸味のバランスがほどよくて、なんともすてきな一杯です。

もうひとつは栗のカクテル「シャテーニュシャテーニュ」。「デザートのような感覚で」という言葉通り、栗のピューレと生クリーム入りのカクテルはこっくりしていて、まるでフランス菓子を食べているよう。マスカットか、栗か。マスカットは9月、栗は10月。どちらか迷うところではありますが、そんな時は「毎月通う！」なんて手もありです。

栗のカクテルの制作者はオールドインペリアルバー初の女性バーテンダーさん。デザートのようでじつはしっかりお酒が効いた大人の味。

**オールドインペリアルバー**
建築家、フランク・ロイド・ライトの意匠が残る名所。カクテルは年によって異なる。

住所　東京都千代田区内幸町1-1-1
　　　帝国ホテル東京 本館中 2F
電話　03-3539-8088
営業時間　11：30 ～ 24：00LO

フルーツのおいしい店

フルーツパーラーヤオイソ

いちごサンドは、生クリームをパンに塗った後、
ミキサーにかけたいちごソースを塗ってからいちごをサンドするのだそう。
ラフランスのサンドと一緒に。

## ヤオイソのフルーツサンド

　おいしいフルーツを目の前にすると、人の表情はゆるやかに、そして幸せそうになるものだなぁと、ここ京都のヤオイソに来るたび思います。
「果物店の創業は明治2年。フルーツパーラーを始めてから40年以上になりますが、メニューは初代の頃からほとんど変わっていません。私たちの代になって少しずつ新しいメニューも考えているのですが、なかなか商品化するのは難しいものですね」とおっしゃるのは、6代目の長谷川良子さん。前からあるものを守りつつ、新しいものを試みつつ。日々、楽しみながら試作をされているそうです。新作はキャラメルを使ったキャラメルりんごサンドとチョコレートバナナサンド！どちらも興味津々です。

　今日はラフランスサンドといちごサンドをいただきます。フルーツのプロの目で見極められた食べ頃のフルーツのなんておいしいこと。とろけるような味わいと生クリーム、そして食パンとの相性は最高です。

　11月の「季節のフルーツサンド」は、柿に栗にラフランスにキャラメルりんごにいちご。これから寒くなるにつれ、いちごがどんどんおいしくなるとか。いちごのサンドとジュース、パフェがセットになった「欲ばりメニュー」も気になることだし、冬のうちに、また京都を訪れないと。

帰りは西側にあるヤオイソ西条大宮店に寄り、お土産を調達。

**フルーツパーラーヤオイソ**
サンドの中は季節によって変わる。フルーツサンドのセットなどメニューが充実。果実店はすぐ近くにあり。

**住所**　京都府京都市下京区西条大宮東入ル立中町488
**電話**　075-841-0353
**営業時間**　9:00～17:00（16:45LO）
**定休日**　無休(年末年始を除く)

ラ・ヴァチュール

焼いたりんごの甘みにヨーグルトのソースの酸味がよく合います。

## ラ・ヴァチュールの
## タルトタタン

　冬になると食べたくなるお菓子の代表といえばタルトタタン。りんごをいただく機会が多くなるこの時季、何度か自分でも挑戦してみるものの、火の通し方が甘かったり、また逆に焼きすぎてしまったり。これ！と思う仕上がりになかなかならない。シンプルなだけにとても難しいものだと思っています。そしてそのたび、ああラ・ヴァチュールが家の近くにあったら！と恋しくなるのです。

　一台につき、りんご20個以上使うというラ・ヴァチュールのタルトタタンはりんごの味がぎゅうっと詰まっているのになぜか後味は軽やか。ついもうひとついけてしまうのではと思ってしまう、そのレシピは店主の若林麻耶さんのおばあ様、松永ユリさんによるもの。何十年も前にご夫婦で訪ねたフランスで出会ったタルトタタンの味が忘れられず、帰国後、試行錯誤を重ねてできあがったものなのだそう。

　残念ながらユリさんは4年前に他界されましたが、その味は麻耶さんによってしっかり受け継がれていて、ファンとしてはうれしいかぎり。お店の雰囲気もユリさんがいた頃と変わらずで、なんだか今でもお菓子を焼いていらっしゃるのでは？そんな錯覚に陥ってしまうのです。

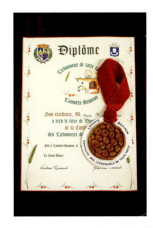

入口近くの棚には、フランスのタルトタタン協会から表彰された時にメダルやディプロマが。メダルはなんとタルトタタン型！　かわいい。

**ラ・ヴァチュール**

タルトタタンを作って40年。りんごは時季によって味が変わるそう。つややかなタルトは酸味と甘みのバランスが絶妙。最初はそのまま、あとでヨーグルトをかけて。

**住所**　京都府京都市左京区聖護院円頓美町 47-5
**電話**　075-751-0591
**営業時間**　11：00～18：00
**定休日**　月曜日

フルーツパーラー
クリケット

夏もいいけれど冬の暖かい部屋で食べるゼリーもおいしい。

## フルーツが好きになる
## フルーツゼリー

「おいしいから食べてみて」。ある日、京都の友人から3種類のフルーツゼリーが送られてきました。レモン、グレープフルーツ、オレンジ。箱を開けてみると、フルーツを器にした愛らしいその形にまずはノックアウト。一口すくって食べてみると、柑橘のさわやかな香りが口の中いっぱいに。と同時にフルフルとした舌触りがなんとも心地よくて……二度目のノックアウトが訪れたのでした。

「フルーツには個体差があるのでその時によって甘みを調整しますが、オープン当初から、種類は3つ。レシピもずっと変わっていないんですよ」とおっしゃるのは、〈クリケット〉の4代目オーナー小坂洋平さん。なんと42年前におじい様が始められた時のスタイルをずっと守っているそう。

今日は出来たてのレモンゼリーをいただきます。ツルリ、フルフル。まずはゼリー部分だけを、次は生クリームを少しつけて。ああ、おいしいなぁと舌鼓を打っていると「最後は蓋の果汁をぎゅーっと搾ってどうぞ」と小坂さん。

蓋の部分に多めに残っている果肉はそのためだったのですね！ 新発見。見た目にかわいく、食べておいしいフルーツゼリー。2月と3月には三宝柑もお目見えするそうですよ。

こんな風にぎゅーっと搾っていただきます。

持ち帰りはこのスタイル。

**フルーツパーラー　クリケット**
オーナーはベジタブル＆フルーツマイスター。もっと家庭でフルーツを食べてほしいという願いがあるそう。

**住所**　京都府京都市北区平野八丁柳町68-1
　　　　サニーハイム金閣寺1F
**電話**　075-461-3000
**営業時間**　10：00～18：00（17：30LO）
**定休日**　火曜日（不定休）

# FRUITS PATROL

# 2,

# 果樹園探訪

# 常吉いちご園 ［いちご］

## いざ、いちご狩り！ 創業123年のいちご農園へ

　いちごの時期にはせっせと買ってせっせと食べる私。そんなに好きならば、いちご狩りに行こうではないか‼　と向かった先は、創業なんと123年という静岡の〈常吉いちご園〉。なんでもこの土地ならではの「石垣いちご」という独特の栽培方法で育てられたいちごが食べられるとか。

　到着するとそこは海を見下ろす高台。ハウスに一歩入ると、甘い香りがふんわり。いちご好きには天国のような場所です。

　「ここの気候は一年を通して温暖でおだやか。いちごを育てるのに最適な土地なんです」とおっしゃるのは、現在4代目の川島常雄さん。まずはとにかく食べてみて、とすすめられるままに熟れ頃の「かなみひめ」をパクリ。うわっなんだろう、この感覚。香りが立って思いきりみずみずしいのに実がしまっている。中は、黄桃のように黄色がかっているではありませんか。

　なんでもこの石垣いちご、石垣が太陽の熱を吸収して温まることを利用して植えたのが始まりとか。〈常吉いちご農園〉はその元祖なんですって。

　肥料はすべて手製。「手加減目加減でいちごが喜ぶようなものを」と川島さん。木箱にぎっしり並んだ摘みたてのいちご。白い花の可憐さも相まって、まるで宝箱に見えるのは私だけではないはずです。

駿河湾に面した南向きの傾斜面で石垣を利用して作られるという石垣いちご。
手間のかかる「かなみひめ」を育てている農家はとても少ないんですって。

ずらりと並んだ姿は壮観。

「こちらのハウスの中も見ますか？ 珍しい品種のいちごを育てているんです」と川島さん。珍しいいちご？　見ますとも‼

ハウスに入ると、目に入ったのは実はやや小ぶりで葉は小さめにもかかわらずとても分厚いいちご。かなみひめとはひと味どころかまったく違う印象です。「福羽いちごと言ってね、明治34年にフランスの品種を改良したものです」

この福羽いちご、農学者で園芸家でもあった福羽逸人によって、新宿御苑で実生された初の日本品種なのだとか。

明治の頃の姿をそのまま残した「福羽いちご」、さっそく食べてみると、甘みの中にきちんと酸味も残った野生的な味わい。石垣を使うのは、この土地ならではの栽培方法。でも「福羽いちご」に限っては、一般的なブロックを使わず、大小異なる形の石を積み上げる、昔ながらの方法にしているとか。「手間はかかるんですけどね、初代が始めたこの様式を守っていきたい気持ちがあるんです」

まだまだ知らないいちごの世界があるものです。

### 常吉いちご園

1896年創業。久能山東照宮の鳥居をくぐってすぐのいちご園。初代の川島常吉氏は、創業の年に松平家からいちごを賜り栽培に取り組んだ人。「福羽いちご」は試食は不可。いちごジャムで味わうことができる。いちご狩りは1月～5月まで予約制。

**住所**　静岡県静岡市駿河区根古屋407
**電話**　080-4222-2463
**営業時間**　11：00（土日10：00）～17：00

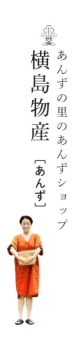

## 横島物産 [あんず]
あんずの里のあんずショップ

## あんずシーズン到来！

　さくらんぼに桃に枇杷にプラム……好物の旬が次々とやってくる初夏。日照時間や雨の量などによって、その年の収穫高はまちまちなので、いつもより入念に聞き込み調査をし、食べ逃さないようにしています。

　もちろんパトロールもおこたらず。ことに旬の時期がほんのわずかなあんずは、農園に問い合わせをしたり、あんず好きの友人たちと密に連絡を取り合って、細心の注意を払い、ベストな状態のものを手に入れます。さて今日は、久しぶりに長野県千曲市のあんず農園にやってきました。あんず色の実がたわわになっているのを初めて見たのが10年前。以来、すっかり、このかわいらしい実の虜。毎年1年分のジャムやコンポート用のあんずをここで仕入れているのです。

「最初は平和という品種、次に信山丸、信陽、ハーコット、昭和、信州大実と、収穫の時期は少しずつずれてやってきます」と、おっしゃるのはあんず農園の横嶋孝子さん。ちょっと細長い形をしたのは信陽、大きめで生食に向くのはハーコットと、一口にあんずといっても、種類はいろいろなのだとか。

　今日は、信州大実が採れ頃。太陽に

山あいに広がるあんず畑で収穫。時おり吹きぬける風とともにあんずの甘い香りがあたりに漂います。
すぐとなりの畑には、生食に向くハーコットが。とても人気の品種だとか。

採れた！つやつやと美しいあんず。
さて、何を作ろうかな？

当たってあんず色から濃く赤みがかった色へと変わった完熟の実を、せっせと収穫していきます。少し酸味のあるこの品種は追熟向き。「果肉を残したジャムなどにぴったりの品種なんですよ」と横嶋さん。そうそう、私がいつもお願いしているのもこの信州大実なのでした。

　千曲市にあんずが伝わったのは、今からおよそ300年以上も前のこと。伊予宇和島のお姫様が松代藩主に輿入れの際に「故郷を忘れないように」と持ち込んだのが始まりだとか。ことにこの千曲市森地区の気候風土があんずの栽

果樹園探訪

パン、と張った実はいかにもおいしそう。香りもとてもいいのです。

培に合っていたことからたくさん実ったのだとか。
「街路樹はあんず、庭先にもあんず。どこに行ってもあんずの木がある。ここはそういう土地なんです」。なんと、かつては小学校の入学祝いの記念樹にあんずの苗木をもらうこともあったとか。「子どもたちはあんずとともに育っていくんですよ」。なんとうらやましいお話！

　皮が薄く実がデリケートなため、都内に出回ることが少ないというあんず。「ぜひ一度出向いて完熟のおいしさを味わってください」。

あんず街道の出店では、生のあんずはもちろん、
自家製のジャムなども買うことが。

**あんずの里のあんずショップ 横島物産**

日本一のあんずの生産地として知られる千曲市。2～
3週間でほぼ生産が終わってしまうそう。あんずのソ
フトなどあんず商品もある。

**住所** 長野県千曲市森1401-6
**電話** 026-273-1311
**営業時間** 9:00～17:00
**定休日** 無休

果樹園探訪

# にしだ果樹園 ［桃］

## 野生味ある桃

　持つべきものは、食いしん坊の友人。今日は、熊本でパティシエをしている鶴見昂さんに案内してもらい、にしだ果樹園にやってきました。そう、前々から「熊本はフルーツ天国」という話を聞いていて、一度、訪ねなくてはと思っていたのです。

　のどかな山あいの道を進むと、目の前に広がるのは果樹の畑。晩柑、紅甘夏、ブラッドオレンジなどの柑橘をはじめ、サマーレッドやプラムなど、ここ、にしだ農園で育てているフルーツは30種類以上にもなるとか！

　今日のお目当ては、旬を迎えた桃。なんでもイノシシが枝をよじ登って食べたくなるほどのおいしさなのだそう。

日本ではあまり見ない小ぶりなサイズ。見た目はかなり野生的……と思って見ていると「基本的に、化学肥料は使わない自然栽培なんです」と、西田淳一さん。なるほど。

　もぎたてをまずは一口。甘みとともに、みずみずしさが口の中に広がる。でもそれだけじゃない、見た目にたがわぬ「野生味」ある味わい。桃の概念がちょっぴり変わります。

「多少の虫は入っても生かしておく。そうすることによって、個体が強いものだけが生き残っていくんです」

　鶴見さんの店でも、この桃を使ったパフェやジャムがとても人気なんですって。

収穫直前に、果実袋を外して、
うっすらピンク色にさせるとか。
手に取るだけで、あたりがいい香りに。

果樹園探訪

丸搾りのみかんジュースも作っているそう。
乾いた喉にしみます。

「固めがお好きなら、収穫してすぐを。
それもおいしいんです」

　ていねいにひとつひとつ摘んでは、箱詰めされて……大切に育てられた桃が詰まったこの箱は、なんだか宝箱みたい。
「植物と動物、それから土とどうつき合うか考えるのが、僕の自然栽培の考え方」とおっしゃる西田さん。希少なゆえ、市場にはほとんど出回らないのだそうですが、予約をすれば私たちでも手に入れることができるとか。最近では、SNSを通じて東京のお客様も増えてきたそう。
　桃にかぎらず、柑橘類などもおいしそう。熊本の味をぜひとも我が家に……なんて夢は広がります。

**にしだ果樹園**
自然栽培を前提とし、月齢のリズムに合わせた収穫、草刈、剪定管理などを実践し、季節の「月読み果実」を生産。最新情報や商品お問い合わせはFacebookにしだ果樹園やインスタグラム @karaku7110 まで。

住所　熊本県玉名郡玉東町原倉671-3
電話　0968-85-3008

果樹園探訪

## いちじくが20種類！

藤井果樹園 〔いちじく〕

　食いしん坊の友と巡る九州フルーツの旅。熊本に続いて、ここ福岡では料理家の渡辺康啓さんに案内していただき農園を2か所パトロール。

　ひとつめは、いちじくを育てて15年という、朝倉市の藤井果樹園へ。「もともとはね、桃や柿を作っていたんだけど、いちじくが大好きで。1本、また1本……と増やすうちに、たくさんになったの」と、藤井果樹園の藤井まり子さん。好きが高じてと藤井さんは、おっしゃるけれど、デリケートそうなこの果実を育てるのはさぞかし大変なのではないでしょうか……。
「そうねぇ、いろいろ植えて育ててを繰り返して今に至ったという感じかし

藤井さんと渡辺さんと。渡辺さんは、
料理会で使ういちじくをここで調達することが多いとか。

　ら」。さまざまなご苦労もあったと思うのですが、いたってマイペース。「好き」の力はすごいのです。

　訪れたこの日は、夏果と秋果の間で、収穫できるいちじくはやや少なめとか。それでも、イスパニア原産のネグロラルゴと、フランスからもたらされたという形がかわいいロンドボーデックスが採れました。

　秋にかけては、緑色でやや細長いいちじくのバナーネや、黒い皮が特徴のヌアールドカロンのほか、パスティリエ、サルタンなどの収穫が待っているとか。

　また秋に訪れて「いちじく食べくらべ」なんてできたらいいなぁ。

手書きの木の目印にほのぼの。

果樹園探訪

かぐわしい香りを思いきり吸い込みます。

「一番よい状態で採って、なるべく早く食べるのがいい」といういちじく。そのため、木で熟すのを、ぎりぎりまで待つのだとか。

　藤井さんに、どの品種がお気に入りですか？ とたずねると「それぞれ魅力があるから、全部好き」というお答え。

　なるほど、そのまま食べるならこれ、料理に使うならこれ、ジャムなら……なんていういちじくの味わいの違いを楽しむのもよさそうです。

今日採れたいちじくがこちら。
大きいのは「ネグロラルゴ」、小さいのは「ロンドボーデックス」。

「さあ、このいちじくで何を作ろうかな」。
農園にいる間に頭の中で思いを巡らす渡辺さん。P96で披露してくれています。

夏の果樹園は帽子が必須。
ふだんは朝6時起きで作業をされるとか！

**藤井果樹園**

夏から初秋にかけて収穫する数十種のいちじくは、通販も可能。市場にあまり出回らない珍しい品種も。桃やりんご、柿などの栽培もおこなっている。

住所　福岡県朝倉市菱野1168
電話　0946-52-0585

果樹園探訪

# 中村柿ぶどう園 ［ぶどう］

## たわわに実った、奇跡のぶどう

　ふたつめの農園訪問は、大分県に限りなく近い、うきは市の中村柿ぶどう園へ。柿とぶどうを作っていらっしゃるのかな……とおじゃますると、ぶどうの木がいっぱい。
「7年前に、柿の専業農家からぶどうをはじめて、今ではぶどうが主軸になっています」と中村祐介さん。
　北に筑後川、南に耳納連山に囲まれた自然に恵まれた田園地帯。「耳納山麓の日当たりや水はけのよい土壌が、果樹の栽培にとても適しているんです」。なんでも福岡県は、日本ではじめて巨峰の生産に成功したとか。訪れるまで、知らないことってたくさんあるものですね。

　果皮の色によって、黒系、赤系、白系に大別されるという、ぶどう。ここ中村柿ぶどう園では、6月中旬から9月中旬にかけて「黒系」の巨峰やピオーネが。7月中旬から9月上旬はワインレッド色をした「赤系」のゴルビーとクインニーナが、8月中旬から9月にかけては「白系」のマスカットが採れるとか。一口に「ぶどう」と言っても、収穫時期はさまざまです。
「ピオーネは濃厚な果肉が特徴。マスカットはほかのぶどうにはない高貴な香りとともに、皮ごと食べられる……というように、それぞれのぶどうに個性があるので、好みのぶどうを探し出してみてくださいね」

果樹のほか、米や麦、苗木などの生産も盛んという土地柄。
景色も抜群です。

ハウスに入ると、
中にはたわわに実ったぶどうが。

　中村柿ぶどう園では「より甘く、よりおいしく、より安全に」と定期的に、土の健康診断をして、人体にも欠かすことのできない栄養素を適切に施肥するのだとか。持って生まれた土壌のよさだけでなく、農家さんのこうした工夫によって、おいしいぶどうができていくのです。

　それにしても、この日のハウスの中の気温はなんと50度！ だまっていても汗が吹き出る過酷な現場。そうか、おいしさの陰には、こんなご苦労があるのだ……。これも訪れるまで、分からなかったこと。頭が下がるとともに、ありがたい気持ちでいっぱいになったのでした。

パンッと張ったみずみずしい房は、「天山」という品種。
なんとひと房1キロにもなるものもあり、
きれいに収穫できたものは「奇跡のぶどう」と呼ばれるそう。

マスカットのハウスの中。まだ子どものマスカットも……。

果樹園探訪

　ここ中村柿ぶどう園では「本当のおいしさを知ってもらいたい」と、木の上で完熟させ、一番おいしい時を見極めて収穫しているのだとか。
　たわわに実ったぶどうが並ぶ、その様子は圧巻。そして見ているだけで幸せな気持ちになります。
　また、果樹が採れない時期は、ドライフルーツの出荷もあるとか。取り寄せなどももちろん大丈夫とのこと。HPの中の出荷カレンダーを参考にぜひ。

出荷を待つピオーネ。

大粒にびっくり。
ピオーネのドライフルーツ。

**中村柿ぶどう園**
さまざまな品種のぶどうと、柿の王様・富有柿などを栽培。ぶどうは「ななつ星」の車内デザートにもなっているそう。

**住所** 福岡県うきは市吉井町屋部 662-2
**電話** 0943-75-4215

果樹園探訪

# FRUITS PATROL

## 3,

# 教わるレシピ

レシピ 桃とプラムのサンドイッチ

教わる人 鶴見昂（FLAVEDO par LISETTE）

## つくりたての
## フルーツサンドを

　熊本で「フラベド」というカフェのパティシエをしている鶴見さん。東京育ちの彼ですが、今はお店のために期間限定の熊本生活。そして時々、日本のあちらこちらでのイベントで、お客様に甘い幸せを届ける日々が続いているよう。

　彼から時おり届く便りからは、忙しくもたのしげな様子が伝わってきて、こちらとしては、なんだかうれしい。なんていったって「たのしい」のが一番だものね。

　そして「たのしい」と同じくらい私たちが人生の中で大切に思っているのが「おいしい」。

　今回は、にしだ果樹園（P72）で採れた食べ頃の桃とプラムを使って、簡単ながらも、おおっ！と思わせるデザートをとお願いしたところ「フルーツサンドはどうかな」と提案が。

　わぁ、聞いただけでおいしいに決まってる。パティシエならではの工夫や、力の入れどころや抜きどころ（？）もきっとあるはず。

　おそろいのエプロンをつけて、まずは……と向かったのが、プラムのジャム作り。えっ、ジャムを使うの？ とびっくり。

　さて、どんなフルーツサンドになることでしょう。

教わるレシピ

みずみずしい、にしだ果樹園のプラム。
まずは、グラニュー糖になじませます。

アクの色まで美しい。
フラベドのラボに、甘い香りが立ち込めます。

「火を通すから、
不揃いに切っても大丈夫」。
一緒の作業はたのしいね。

「フルーツは鍋の深さの半量以下に(そうすると鍋の中の温度が上がるので短時間で仕上がり色がきれい)」とか、「見ている途中に皿に垂らして、好みのとろみを見計らう」とか。鶴見さんの口から出るのは、今までにもう何十回、もしかしたら何百回と作ってきた人ならではの言葉。

　そうか、これから作るフルーツサンドは、生のフルーツに、火を通したフルーツのおいしさもプラスされるのか! ジャムを冷まし、生クリームやパンを用意して。いよいよフルーツサンドの組み立てが始まります。

# プラムジャム

**材料**
プラム(サマーレッドなど)…好みの量
グラニュー糖…プラムの重量の60%

**作り方**

1　プラムは洗って、皮ごと角切りにする。
2　ボウルに入れ、グラニュー糖の半量を加えて混ぜる。
3　鍋に入れて強火にかけ、沸いたらプラムに火が通るまで5分ほど煮る(もう一度火にかけるので、ここでアクは取らないでよい)。冷めたら、冷蔵庫で数時間〜ひと晩置く。
4　鍋に戻し入れて火にかけ、沸いたら残りのグラニュー糖を入れ、アクをこまめに取りながら5分ほど煮る。
5　皿にたらして好みのとろみになったら、火を止める。今回のサンドイッチには、ややゆるめに。

食パンの上に桃を行儀よく並べます。
片方のパンをあらかじめ切っておくと美しい仕上がりになるんだって!

できた! フルーツの甘みと酸味、そこはかとなく感じるジャム、生クリームとパンが一体になった幸せのサンド。
「パンが固くなるのがイヤだから、冷蔵庫では休ませません! フルーツサンドはできたてをぜひ!!」と鶴見さん。
ジャムは味わいだけじゃなくて、見た目にも一役買っている。
クリームに混ざるとなんだかちょっと色っぽいね。

# 桃とプラムのサンドイッチ

## 材料　4切れ分
桃…1個
プラムジャム(P94)
　…大さじ1
生クリーム(42％)…70㎖
食パン(8枚切り)…2枚

## 作り方

1　食パンは耳を落とし、1枚は斜めに四つ切りにしておく(後できれいにカットしやすい)。

2　もう1枚の食パンに、8分立てにした固めの生クリーム(5％のグラニュー糖を加えて)をのせる。中央にこんもりと。

3　桃をスライスしてのせる。

4　その上に生クリームをたっぷりとのせる。

5　プラムジャムをたらして少し混ぜ、1の食パンをのせ、四つ切りにする。作りたてを食べる。

### 鶴見昂
1986年生まれ。神奈川県出身。大阪あべの辻調理師専門学校で調理の基礎を学ぶ。2008年より東京・二子玉川「Cafe Lisette」、2016年より熊本「FLAVÉDO par LISETTE」など、フード部門全般のプロデュースを手がける。

**FLAVÉDO par LISETTE**
〈フラベドパーリゼッタ〉
熊本や九州の果物で作ったパフェやデザートを食べられるカフェ。お土産のジャムもお楽しみ。

**住所**　熊本県熊本市中央区水道町 4-2 T-Brio B1F
**電話**　096-327-8444
**営業時間**　12：00〜18：00(17：30LO)、土日祝 12：00〜19：00(18：30LO)
**定休日**　第1・3月曜日、火曜日

レシピ ▶ いちじくと緑茶のスープ
桃のアグロドルチェ
ゴルビーのサラダ

教わる人 ▶ 渡辺康啓（料理家）

## 美しい果物料理

　藤井果樹園では小ぶりのいちじくを、中村柿ぶどう園ではゴルビーを調達した渡辺さん。フルーツを使った料理をぜひ！ とお願いしたけれど、果樹園で「何作るの？」とたずねても、フフフと不敵な笑みを浮かべるだけで一向に教えてくれる気配がない。

　福岡の街に戻り、いざ渡辺さんのキッチンへ。さっそく収穫したフルーツをささっとお皿に入れてテーブルに。おー！ ここはいつ来ても、どこをのぞいても、部屋の中の風景が本当に美しいんだ……と感心していると、やおら冷蔵庫から出したのは緑の液体。……？ 不思議に思って見ていると、「これはスープになります。いちじくの」と言うではありませんか。

　続いて作ってくれたのは、桃のアグロドルチェとゴルビーのサラダ。どれも、使っているのは手に入りづらい食材ではないはずなのに、いざ一口食べると、未知の味。一見、引き算のようでいて、微量の足し算？ いやもしかしたら掛け算なのか？ 口の中に広がるめくるめく味をたのしんだフルーツ料理のひとときなのでした。

緑茶の奥でかすかに感じるミントと、梅とルバーブがいちじくの味を引き立てます。
「いちじくは小ぶりな方がかわいい」と言いながら、薄くスライスしたものを、
ていねいにスープ皿の上に重ねていく様子が印象的。

# いちじくと緑茶のスープ

**材料**
いちじく…小2個
スペアミント…適量
緑茶…2カップ
グラニュー糖…大さじ½
梅とルバーブのシロップ(下記)…適量

**作り方**
1　緑茶を水出ししておく。
2　いちじくを薄く輪切りにする。
3　緑茶を一部とりわけ、ミントの葉と合わせてすりこぎなどでミントを叩き、香りを移す。
4　茶こしでこし、緑茶を戻して合わせる。
5　器にいちじくと緑茶を入れ、梅とルバーブのシロップをかける。

## 梅とルバーブのシロップ
**作り方**
1　青梅とルバーブを同量用意し、ルバーブは1cm幅に切る。
2　消毒した瓶に梅、ルバーブ、氷砂糖(梅とルバーブの重さを足したものと同じ重量用意する)を交互に重ねて入れる。
3　赤ワインビネガーを少々上からふり入れ、ふたをする。
4　毎日瓶の上下を返し、氷砂糖がすべて溶けたら冷蔵庫で保存する。

熟した桃で作る洒落た前菜。
中村柿ぶどう園のドライピオーネと、
じっくり火を通した新しょうがと、みょうがが、
桃の中に閉じ込められた印象的な一皿です。

# 桃のアグロドルチェ

**材料**

桃…1個
新しょうが…30g
みょうが…1個
ピオーネ(ドライ)…4粒
赤ワインビネガー…大さじ1
きび砂糖…小さじ3
塩…少々
オリーブオイル…適量

**作り方**

1　ピオーネはワインビネガー、ぬるま湯を混ぜたものに浸し、一晩置いて戻す。水気をきって、粗く刻んでおく。

2　新しょうがは皮をむき、薄切りにした後、せん切りにする。みょうがは薄切りにする。

3　鍋にオリーブオイルを温め、1と2を入れ、炒める。

4　しんなりとしたらビネガー、きび砂糖、塩で味をととのえる。火を止めて冷ます。

5　桃は半分に切って種を取り、器に置き、4をのせる。オリーブオイルを回しかける。

## ゴルビーのサラダ

**材料**

ゴルビー…20個
ローズマリー…ごく少量
赤ワインビネガー…小さじ1
オリーブオイル…小さじ1
結晶塩…ひとつまみ

**作り方**

1　ゴルビーは房から外して洗い、ざるに上げておく。
2　ローズマリーはできるだけ葉のやわらかい部分だけを摘み、細かなみじん切りにする。
3　ゴルビーを縦半分に切り、ボウルに入れる。
4　ローズマリー、赤ワインビネガー、オリーブオイルで和える。
5　皿に盛り、塩をふる。

半分に切ったゴルビーと赤ワインビネガー、オリーブオイル。
そこに「スーパーみじん切り」にした、ローズマリーを。
最後に結晶塩をふって、味のムラを出すといいのだとか！
どれも夏の定番に加えたい。

**渡辺康啓**
料理家。1980年生まれ。有名アパレルブランドでの勤務を経て、2007年に料理家として独立。料理教室をメインに活動を開始する。2015年、東京から福岡へと移住。
著書に、『春夏秋冬 毎日のごちそう』(マガジンハウス)、『果物料理』(平凡社)などがある。

レシピ / タルト・タタン
教わる人 / 坂田阿希子（料理家）

## タルト・タタンの名人、あっこちゃん

　その昔、フランスの田舎町にあるホテルを営んでいたタタン姉妹の失敗から生まれたというりんごの焼き菓子、「タルト・タタン」。そのいわれは諸説あって「ソテーしていたりんごを焦がし過ぎてしまったため、その上にパイ生地をのせてフライパンごとオーブンで焼いた」とか「焦がしたりんごタルトを間違ってひっくり返してしまった」などなど。まあとにかく、失敗は成功の元、という格言がそのまま形となったようなお菓子、というわけです。

　冬を代表するこの素朴でとびきりおいしい焼き菓子が自分でも作れたらいいのにな。そうだ！　タタン名人に教えてもらえばいいのだ。私のこんな想いから、ならいごとが実現。

　本日の先生は、私の食いしん坊友だちのあっこちゃん。彼女が作るタタンは、これでもか！　というくらいりんごがたっぷり、ぎっしり入ったもの。じっくり火を通したあまーいりんごに、ほんのりビターなカラメルがからまって……思い出しただけで、たまらない気持ちになるおいしさ。今まで、作ってもらってばかりでしたが、これを機

りんごは紅玉を。

まずは芯を取り、皮をむきます。

会に自分でも作れるようになるのだ。「さあ、まずはりんごの皮をむくところから！」。りんご色したエプロンをして張り切るあっこ先生。今日は私のたっての願いで、型ではなく鍋を使ってのタタン作り。ふたりで、せっせせっせとむくことなんと9個。そうか直径18センチの鍋だとこんなにりんごは必要なんですね。

「本来のレシピは生のりんごを型に詰めて焼くんだけれど、私はりんごがぎゅうぎゅうに詰まって、かつ、もりもりっと高さがあるタタンが好きだから、型に詰める前にまずは煮ます」。なるほど。さすが「大盛り先生」の異名を持つだけある。あっこ先生のタタンを食べた時の満足感は、こんな一手間があるからなのです。

　鍋に詰めたらオーブンに入れて焼くこと1時間。それからパイ生地をかぶせて、さらに焼いて……しっかり冷めた翌日が食べ頃。おいしいものを作るためには手間と時間がかかるのですね。

煮たりんごを鍋に詰めていきます。「きれいに煮えたものは外側。少し煮崩れていったものは隙間に埋め込むように」。その後、オーブンに入れたら途中2回か3回、木べらでしっかり押しつけて。

タルトの準備をしながら
まかないのボルシチまで
用意してくれたあっこちゃん。

焼き上がり。一晩、そのまま冷まします。

## タルト・タタン

**材料　直径18cmの鍋1個分**

りんご(紅玉)…9個
バター…100g
カラメル
　グラニュー糖…180g
　水…大さじ2
A｜レモン汁…1/2個分
　｜グラニュー糖…100g
　｜水…1/2カップ
冷凍パイシート…20 × 20cmのもの1枚
生クリーム、砂糖、カルヴァドス…適宜

## 作り方

1. りんごは皮をむいて芯を取り、4等分にカットして鍋に入れて、Aを加え、りんごがうっすら透明になるまで軽く火を通す。

2. カラメルを作る。カラメルの材料をすべて鍋に入れて火にかけ、焦げ色がついたら、大さじ2程度を1に入れ、残りはすぐ型の鍋に入れて広げる。固まったら上にバターをちぎってのせる。

3. 2の鍋に1のりんごを立てて並べ、真ん中にもぎっしりとりんごを詰める。180℃のオーブンで約1時間、途中何度か木べらでりんごを押しつけながら焼く。オーブンから出して粗熱をとる。

4. 冷凍パイシートは少しやわらかくしてからめん棒で少しだけ伸ばし、鍋よりもひとまわり大きく丸くカットする。全体にフォークで穴をあける。

5. 3の上に4をのせ200℃のオーブンに入れて、しっかりと焼き色がつくまで焼く。粗熱をとり、冷蔵庫で一晩しっかり冷やす。

6. 鍋から出すときは、熱湯に鍋を浸し、10秒ほどしてからお皿にひっくり返す。砂糖とカルヴァドスを加えて泡立てた生クリームを添えて、めしあがれ。

### 坂田阿希子

料理家。フランス菓子店、フランス料理店で経験を積み、独立。「studio SPOON」を主宰し、料理教室を開く傍ら、雑誌、テレビなどでお菓子、料理のレシピを披露。著書『CAKES』(NHK出版)のプロセス動画が話題。

## FRUITS PATROL

4,

# フルーツを巡る旅

# 台湾
## 台南＆台北

甘さの中に酸味もちらり。
印象深い味わいのいちご。
いちごの上にかかっているのは練乳。
夢のデザートとはまさにこのこと。

## ゆるりと甘い台南の夜

　5年ぶりの台南の街。この前来た時も感じたけれど、流れる空気が台北とはちょっとちがい、全体的にゆるっとしている。歩く速度も自然とのんびりになって、体全体が伸びていくような。海も近いし、一年中暖かいと聞くから、そんなところも影響しているかもしれません。もちろんパトロールはおこたらず。事前の聞き込みによると、地元の人でごった返す人気のフルーツ屋さん〈泰成水果店〉や、老舗のドライフルーツ屋さんがあるとか。

　どちらも「人気すぎてなかなか入れない」と聞いて、早く行かないと！と気持ちが前のめり。さっきまで歩く速度がのんびりとか言ってたくせに。

　さて、その「なかなか入れない」フルーツ屋さん、勝手にパーラーっぽいところを想像していたのですが、ごちゃっとした商店街の中にある、ものすごくカジュアルな店。道まではみ出したテーブルでは子どもからおじいちゃんおばあちゃんまで、みんながみんなニコニコしながら何か食べてる。やっぱりおいしいものって人を幸せにするんだなぁと思いながら近づいていくと、んっ？？？　メロンの器にいちごが山盛り？

　オーダーしてみて気づいたのですが、いちごの下にはすぐメロン……ではなく、自家製フルーツシャーベットがモ

シャーベットのオーダーは分かりやすいイラスト。旅行者にも親切。

リモリ。メロンもいちごもシャーベットも、どれも台南の太陽の下で伸び伸び育った健康的な味わいで、ひとすくいごとに思わず目を丸くしてしまうおいしさ。

「うちのフルーツはどれも完熟。シャーベットはそのフルーツを使って作るからおいしいのは当たり前だよ。メロンも最高でしょ？」と店自慢をしつつも、目にもとまらぬ速さでフルーツをカットしていくご主人。甘い香りで包まれた厨房は気持ちよい活気に満ちあふれていて、ああいいなぁこの店、また来たいなぁなんて思ったのでした。

**タイチェンシュイグオエン**
**泰成水果店**
写真のメロンといちごのとシャーベット 220元。

**住所**　台南市中西區正興街80號
**電話**　886-6-228-1794
**営業時間**　14：30（土 13：30）
〜 21：30、日 13：30 〜 20：30
**定休日**　木曜日

ドライフルーツが並んだ瓶がずらり。

量り売りもありますが、
少しずつ入った袋入りも買いやすい。

リンヨンタイシンミージェンハン
**林永泰興蜜餞行**
創業 130 年を超える老舗。いつも人でいっぱいの人気店。ドライフルーツ 1 袋 50 元～。

**住所**　台南市安平區延平街 84 號
**電話**　886-6-225-9041
**営業時間**　11：30 ～ 20：00
**定休日**　火曜日、水曜日

お腹がすいたら台南名物の牡蠣のオムレツを食べ、のどが乾いたら屋台で搾りたてのジュースを飲む。途中、ドライフルーツ屋さん〈林永泰興蜜餞行〉に寄って買い物をし、疲れたらカフェで一休み。

台南を旅する間はこんな感じでのんびり、だらだら。それが許されるのはやさしいからかもしれないなぁ。街も、それから人も。

丸ごとフルーツの後ろは、フレッシュジュース。となりにはカットしたものも。

牡蠣オムレツとともに飲んだのは、アスパラのジュース。

フルーツを巡る旅

# 活気があって、笑顔がいっぱいの市場へ

「市場にいる時が一番楽しそうだね」。友人たちからよくこんなことを言われます。そうか、たしかに。旅をすれば、市場巡りは欠かせない。なんといったってその土地に住む人たちの胃袋を預かる場所なのですから、楽しいに決まってるではありませんか。

ことに知らない街の知らない市場はいつにも増して前のめり。あっちをきょろきょろ、こっちをきょろきょろしては「おいしい何か」を探すのです。

台南の旅の最終日、訪れたのは100年の歴史があるという〈東菜市〉。

八百屋に肉屋、魚屋……の間にカラフルなゴム手袋を売っていたり、お供え用のフルーツを並べているお店があるかと思ったら、下着も売っている!?

ここは台南の人たちの胃袋はもちろん、暮らしを支えるところとか。たしかに来ればなんでもそろう。デザートだって食べられちゃう。活気が活気を呼んで、いい空気がまわっている、そんな場所。

フカフカに蒸された饅頭、お菓子にドライフルーツ。フレッシュなフルーツは残念ながら持って帰れないから、こちらは眺めるだけで我慢(初日にいって、滞在中のフルーツを買うのもおすすめです)。

今回の戦利品は、おじさんが一本一本搾っている濃厚ごま油と、おばさんがこれまたひとつずつ手作りしているレモン洗剤!? ドライフルーツは、同じ台南の〈林永泰興蜜餞行〉とは違った品ぞろえだったので、ここでもまた買い足し。気づくと両手の荷物はいっぱいだけど、それを見越してスーツケースに空きを作っておいたので大丈夫。そう、スーツケースに食材を収めるまでが私の旅。帰ってからの荷解きも、一段と楽しくなるってものです。

台湾ならではの香辛料と熱気と……いろんなものがない交ぜになった市場の匂い。次いつ来られるかしらと後ろ髪引かれながら帰るのもいつものこと。帰ったらすぐに旅の算段をしないとね。

**東菜市**
100年以上の歴史を持つ台南最大の市場。台湾鉄道の台南駅から徒歩10分。

**住所** 台南市中西區青年路164巷26號
**営業時間** 6:00〜13:00
**定休日** 店舗による

柿の段ボールの下は梨？

東山名産、黒柿。

釈迦の頭に似ているから
釈迦頭（バンレイシ）。

フルーツの段ボールは什器（？）にも。

## 段ボールパトロール

イラストと漢字の組み合わせの妙。

ただいま品出し中。

「張」？？？

フルーツを巡る旅

## 町のパイナップルケーキ

　台南から台北へ移動して、まず訪れたのは手天品。パイナップルケーキやシナモンクッキー、ビスコッティなどの焼き菓子が並ぶ、粉もの好きにはたまらないお店です。

　店主の目でえらび抜かれた、新鮮で安心な材料を使って作られたお菓子は、しみじみおいしい。食べるといつも、母のおやつを思い出すのですが、それもそのはず、「子どもたちに食べさせるおやつを」と作り始めたというから納得です。

　住宅街の中につつましやかに佇むお店は、派手さこそないけれど、その実直な味にファンも多く、お客様が絶えずやってくる。卵や牛乳などの食材も売っていて、近所の人が「ちょっと買い物に」なんて姿も垣間見られて、なんだかほのぼのするのです。

　パイナップルケーキは、パイナップルと冬瓜の餡が入ったプレーンなもの、その上にクルミがのったものの2種類。中国茶との相性は言わずもがなですが、ストレートの紅茶やミルクティーにも

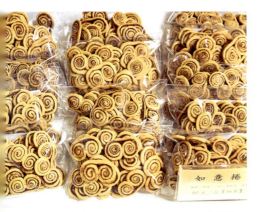

ぐるぐるしたのがシナモンクッキー。
手前はオートミールのクッキーです。

卵をはじめとした食材もおいしそう。
いつかキッチンつきの部屋を借りて、
ここの食材で料理をしてみたいものです。

ぴったり。

　私は、いつも多めに買って、家に帰るとすぐに冷凍。食べる10分ほど前に冷凍庫から出してパクリ。冷凍庫にこのストックがなくなると、なんとなくさみしい。そんな存在になっています。こわれやすい焼き菓子を持って帰るために、旅支度のひとつとして用意するのが、スーツケースに入る小さめのダンボールとエアパッキン。これに包んで箱に入れれば安心。次の旅支度にぜひどうぞ。

**手天品社區食坊**
永康街(ヨンカンジュ)近くのお菓子屋であり、食材屋でもあるお店。

住所　台北市大安區潮州街188-1號
電話　886-2-2343-5874
営業時間　9：30〜20：00（金〜21：00、土〜18：30）
定休日　日曜日

## 台湾の自然の恵み

　こじんまりとした台北の街の中には、魅力的なたべものがそこかしこにちりばめられていて、食いしん坊にとっては天国のよう。あそこであれ食べて、その後、お茶飲んで、間に甘いものをはさんで……と台北にいる間は朝から晩まで大忙し。欲張りな私は、帰ってからも台湾の味を楽しみたいものだから、食材の買い物も抜かりなく。大きな買い物かご片手に問屋街で乾物を買ったり市場で饅頭や醤を買ったりと、こちらもまた大忙しになるのです。

　何度目かの台北の旅で、台湾人の友人に連れてきてもらったのがここ、〈清浄母語〉。お茶の先生をしているその友人は、この店で作られている桂花醤（ケイカジャン）（金木犀（きんもくせい）のジュレみたいなもの）をアイスティーに入れるのだとか。「この店のものならどれもおいしくて安心」なんですって。そこで試しに友人おすすめの酵素シロップを買って帰って飲んでみたところ、びっくり。なんというか、体の中がぎゅるんぎゅるんすごい勢いで動き回っているという感じ。最近なんだか体の循環が悪いなぁと感じていたのですが、酵素を飲み始めたところものすごく調子がよくなったのでした。

　桑は血液の循環をよくし、パイナップルは消化をうながす。レモン、ノニ、梨……お店にはさまざまなフルーツか

ら作られた酵素シロップがありますが、それぞれの酵素ごとに作用があるとか。「酵素をはじめ、店に置いてある商品はすべて台東にある農場で作ったものを原料としています」とオーナーの林慧さん。広大な土地で作られるフルーツや野菜はすべて無農薬。化学肥料も一切なし。草も刈らず、虫や鳥が苦手なハーブや酢なども使用しないとか。「ここではすべてが昔のまま。原料はもちろん、使う道具もすべてね」。甘みは畑で採れたサトウキビを煮詰めたものを使うそう。「中国には天と地が共存するという言葉がありますが、人間の体にとってよいものは、自然に一番近いもの。そう信じて作っているんですよ」。そういう林さんのお顔はまるでお風呂上がりのようにピカピカつるつる。表情も話し方も終始おだやかで、ああ、よいものだということは、この人を見れば納得できるなぁ。と感じ入ったのでした。

店内では試飲もできます。
今日はレモンとパイナップルの酵素を。

### 清浄母語
セイジョウ ボ ゴ

酵素は台東の農場で栽培された農産物で作られる。台北には酵素(パイナップル500㎖ 800元〜)のほかにドライフルーツ、調味料などの自然食品も扱うショップがある。酵素はテイスティングもさせてくれる。

**住所** 台北市大安區金華街 253-2 號
**電話** 886-800-360-168
**営業時間** 9:30〜20:30(日12:30〜20:00)
**定休日** 無休

左:酵素以外の食品の食べ方も教えていただけます。
こちら、ドライパイナップルと桂花醤の温かい飲み物。
ふわりといい香りが鼻をすり抜ける。
右:お店は大安森林公園のほど近く。

フルーツを巡る旅

チェンチーパイクオユエン
**陳記百果園**
台北のフルーツパーラーといえばここ。
フルーツの形をしたテーブルが愛おしい。

**住所**　台北市敦化南路一段100巷7弄2號
**電話**　886-2-2772-2010
**営業時間**　7：00〜19：00（土〜17：00）
**定休日**　日曜日

## 台北の素敵な小さなおやつ

　台北の旅では食事と食事の間に、おやつの時間を何度か組み込むことにしています。え？ 何度も!? と驚くなかれ。お店に入ってきちんと座って……ということはもちろんあるけれど、街歩きの途中で見つけた屋台でカットフルーツを食べたり、焼き菓子をホテルの部屋でつまんだり。そんな「小さなおやつ」も入れてのことですから。

　ぷるんとした愛玉子（オーギョーチー）や、ふるふるの豆花、緑豆や白きくらげ、蓮の実をトッピングしたかき氷……台湾の甘いものの好物をあげたらキリがないけれど、なんといっても一番の魅力はフルーツがおいしいことではないかと思っています。中でも台北の滞在中に一度は訪れたいのが〈陳記百果園〉という老舗のパーラー。市場で買うフルーツももちろんおいしいのだけれど、店主の目でえらび抜かれたここのフルーツはハズレなし。フルーツの盛り合わせやフレッシュジュース、フルーツかき氷など、メニューの端から端まで食べたいものばかりで毎度困るのですが、「また来ればいいよ」そう自分をなだめ、気を落ち着かせます。

　今日はドラゴンフルーツのジュースとバナナアイスクリームをオーダー。口どけなめらかなバナナアイスの周りを取り囲むのは、ねっとりあまーい完熟バナナ。生クリームも、はたまたチョコレートなどのトッピングも一切なし。味わい一本勝負！ といったその姿に店主のフルーツに対する自信がうかがえます。

「バナナの妖精」（!!）と名づけられたこのメニュー以外に、それぞれ、いちご、マンゴー、パイナップル、メロン、キウイの妖精がある（いる）とか。ジュースのメニューは20種類以上。季節によっても異なりますが、グァバやパッションフルーツ、スターフルーツなど日本ではあまりお目にかかれないフルーツのフレッシュジュースがおすすめです。

左：バナナ以上にバナナの味がするアイスはためす価値あり。
中：渇いた喉にうれしいドラゴンフルーツのジュース。

フルーツを巡る旅

# バンコク

マンゴーがたくさん乗ったかき氷は、
カボションホテルのもの。
こちらの人は、ことあるごとにフルーツを取り入れて、
体をクールダウンさせるのだとか。

**カボション・ホテル**
かき氷はマンゴーのほかに台湾風あずき、抹茶もあり。

住所　14/29 Sukhumvit Soi 45, Klongton Nua, Wattana, Bangkok
電話　66-02-259-2871
営業時間　11：30〜
定休日　無休

## フルーツの休日

「今、バンコクはマンゴーがとびきりおいしいらしい」。

　そんな噂を小耳に挟んだのは、日本が春めいてきた4月のある日のこと。

　なんでもタイは、3月から6月いっぱいまでがマンゴーの旬とか。

　タイの人たちも待ち焦がれるほど大好きなフルーツ、マンゴー！わぁ、それはぜひとも食べねばならぬ。マンゴーでお腹をいっぱいにしたい。

　甘みたっぷりのマンゴーはもちろん、ライチにスイカ、マンゴスチン……そうそう、フルーツカービングも盛んというし、デパートの食料品売り場も洒落てきているらしい。フルーツを使った料理も味わいたいし……と、いつにも増して、食い意地が前のめりです。さて、訪れた私を待っていたのは、人いきれと喧騒。

　トゥクトゥクに乗って、喉が乾いたら屋台でフルーツジュースをごくり。ああ、私、バンコクに来たんだなぁとしみじみする間もなく、街に飲み込まれていく……。これはフルーツ食べて元気にならないと！よくばりな休日の始まりです。

# マンゴー、マンゴー、マンゴー！

さて、今回の旅で一番のお目当てはマンゴーを味わい尽くすこと。せっかくならば、タイの人たちが「マンゴーといえばここ！」というところに行ってみたいと、向かった先は、メーワーリーというお店。

一生分のマンゴーを見たのではないか？というくらい、店先に並んだその様子にまずは圧倒されますが、驚いたのがその食べ方！

なんと熟れたマンゴーと、ココナッツミルクで炊いた甘いもち米を一緒に食べるんですって。

でもマンゴーは完熟なのだし、それにもち米、しかも甘く炊いた……？とおそるおそる食べてみると、おや？案外いける味。あっさり炊き上げられたもち米とマンゴーの食感がなんだかクセになるのです。この食べ方、ここのお店だけかと思いきや、タイでは伝統的な食べ方と聞いて二度目のびっくり。

気にしてレストランのメニューや街の看板を見ていると、あるある「Sticky Rice with Mango」の文字が。もち米とマンゴーがセットになったもので130バーツ（約450円）。メーワーリーでは、持ち帰りが人気なんですって。

店先では、「こっちがいいかしら、それともこっち？」なんてマンゴーを品定めしている人がちらほら。タイの人たちのマンゴー愛はすごいのです。

甘く炊いたもち米とマンゴーを合わせる、驚きの味。

**メーワーリー**
タイのマンゴーの伝統的な食べ方、ココナッツミルクともち米を煮たものとフレッシュマンゴーがセットになって130バーツ。テイクアウトのみ。

住所　Soi 1, Sukhumvit Rd, 55(Thonglor), Bangkok
電話　66-02-392-4804
営業時間　～24：00
定休日　無休

メロンに花びらをほどこしたカーヴィング。繊細な色合いがすてき。

フルーツに添えられるカード。
毎日、部屋に帰るのがたのしみになります。

## ホテルでも
## 心ゆくまでフルーツ

　街の喧騒も好きだけれど、ホテルは静かで落ち着くところがいい。街歩きで疲れた体を癒やしてくれて、優雅でエレガントな気分にもさせてくれて……と、えらんだホテルはマンダリン オリエンタル バンコク。

　バンコクの中心を流れるチャオプラヤー川の前にたたずむ、このホテルの創業は今から140年ほど前。作家のサマセット・モームやダイアナ元王妃なども宿泊した由緒あるホテルです。

　ウェルカムフルーツに添えられたフルーツ柄のグリーティングカードに始まり、翌朝はフルーツたっぷりの朝食（フレッシュオレンジジュースをシャンパンで割ったミモザも！）。その後は料理教室、そして午後はアフタヌーンティ、夜はバーでフルーツカクテルタイムと滞在中はフルーツ三昧。

　さらなる魅力は、レストランやホテルのいたるところに、美しくカーヴィングの細工が施されたフルーツが飾られているところ。料理教室のあと、カーヴィングしているところをのぞかせていただきましたが、その技術のすばらしさ、できあがりの美しさに惚れ惚れ。ホテルのインテリアとの調和もすばらしく、ここにいると、もう一歩も外に出なくてもいいのでは？　そんな幸せな気分になるのでした。

朝食はこんな風。ココナッツジュースを真ん中に、フルーツを盛り合わせました。しあわせ。

バーではココナッツとりんごや、ライムとアガヴェのオリジナルカクテルを。

### マンダリン オリエンタル バンコク
渋滞が悩みのバンコクの喧騒から離れて、贅沢なタイの過ごし方を。川沿いのテーブルで朝食やランチを楽しんだり、夕日が沈むのを眺めたりなどの楽しみもある。

住所　48 Oriental Avenue, Bangkok
https://www.mandarinoriental.co.jp/bangkok

## バンコクの街をウロウロ

　街での気に入りは、フルーツの屋台。喉が乾いたなとか、お腹が空いちゃった、なんて時に、ちょっとあたりを見渡せば、すぐに見つかる。一口大に切られたフルーツは食べやすい上に10〜20バーツと値段も手頃です。街歩きの途中に、ジュースを飲んだり、フルーツを食べたりして自分を元気づける。この「タイ式水分補給」をずっとしていたから滞在中、ずっと元気。タイの人たちにとって、フルーツってとても重要な食べ物なのだなぁ。

市場と同時にチェックするのが、スーパーやデパートの食品売り場。
さすがマンゴーが大好きというだけあって、ドライマンゴーもほら、この通り大充実。
マンゴーの黄色に合わせてか、なぜかシックなパッケージが多い。

半生のようなドライバナナは、
食べごたえのある濃厚さ。
ヨーグルトなどと合いそうです。

マジパンで作られた
フルーツモチーフのお菓子。かわいいね。

世界各地の食品売り場を回って
そのよいところを参考に作ったというデパートの食品売り場。
買ったものを専属のシェフが即興で料理してくれ、
かつワインも一緒に楽しめます。

**グルメ・マーケット・エムクオーティエ**
果物のディスプレイの美しさと、ドクターと栄養士がレシピを開発したフルーツヘルシードリンクなど、品ぞろえが魅力。

**住所** 1F., 693 Sukhumvit Rd, Khlong Tan Nuea, Wattana Bangkok
**電話** 66-02-269-1000
**営業時間** 10:00〜22:00
**定休日** 無休

フルーツを巡る旅

ドリアンずらり。日本ではあまりお目にかかれないフルーツを楽しむ絶好のチャンス。

香り豊かなパイナップル。

市場パトロール

袋にぎっしり詰まったぶどうは200バーツ。

味のこーいバナナ。

枝つきもかわいいね。

みっちり積まれたその様子は、見ているだけでたのしい。

もちろんマンゴーも充実。

長細いスイカ。

店によってディスプレイの様子が異なります。ここはかなり洒落た方。

果肉はまっしろ、マンゴスチン。

小ぶりな、これはみかん？

料理に使うことの多い、ザボン。

旅の間、毎日食べたライチ。

フルーツを巡る旅

*番外編*
フルーツ容器パトロールに!

ずらりと並んだフルーツ容器アーカイブ。フルーツ容器を担当してウン十年という大越晴夫さんいわく、それぞれ歴史や思い出が詰まっていて愛着もひとしおなんですって。

鎌倉のアイスキャンディー屋さんに行った時のこと。買い物をして、ふとレジの脇に目をやると、メロンやみかん、りんごなどのフルーツアイスの容器がディスプレーされていました。わぁ！これ子どもの頃、好きだったなぁ。

中身をすっかり食べ終えるときれいに洗って乾かして、チェーリングやビー玉なんかの宝物を入れてたっけ。子どもの頃を思い出して懐かしい気持ちでいっぱいになったのでした。聞けばこの容器、大阪の会社が作っているとか。そこに行けば、きっと見たこともないようなお宝に出会えるかもしれない？大阪までパトロールすることに。
「この容器を作っているところは、今現在、我が社一社だけなんですよ」と社長の森井賢一さん。メロンの形だけでも6、7型あるそうで、さっそく見せていただくと……ああっ！そうそうこれこれ。忘れかけていた懐かしのメロンシャーベットの味が甦ってきました。1日の生産量は驚きの6万5000個！10トン車を満載にして出荷するとか！
「子どもたちからはもちろん、伊藤さんのように懐かしがって容器だけ欲しいなんて方や、収集されている方も」

その気持ちわかるなぁ。だってとってもかわいいもの。

左：ストックかと思いきや一部屋すべてサンプル！
右：笑顔で出迎えてくださった
社長の森井賢一さん(中央)と大越さん(右)。
会社の前でパチリ。

**共立興産**
昭和のアイコン、アイスクリームカップを手がけて44年。このフルーツ型のアイスクリームカップを作っているのはこの会社だけになってしまった。ピーチ、りんご、みかんなどがレギュラー商品。
www.kyoritsu-k.co.jp

フルーツを巡る旅

## フルーツ容器をめぐる冒険

　メロンシャーベットの容器を作る会社〈共立興産〉におじゃました時に驚いたのは、メロンの他にパイナップルやいちご、オレンジ、ぶどう、桃などさまざまな種類のフルーツの容器があったこと。子どもの頃のメロンのイメージが強かったからか、ほかのフルーツシャーベットのことにちっとも気づいていませんでした。

　会社のサンプルが並んだ棚には、形も色もとりどりの容器がずらり。その様子のなんとかわいらしいこと。味のほうも気になります。

　作り始めた40年前は30円で売っていたというフルーツシャーベット。それが50円……と時代とともに値段も移り変わり今は60円に。それでも安いですねと言うと「アイスバーと同じ位置づけだからそんなに高くはできないんですよ」と社長の森井さん。なるほどたしかに小さな頃、お小遣いを握りしめて買いに行っていたことを思い出しました。60円なら今の子どもたちにも手が届くかな？　現在、全国の〈シャトレーゼ〉のショップや、生協のカタログなどでも手に入れることができるとか。さっそく取り寄せ、一口パクリ。ああっこれこれ！ メロン風味の香りや口どけ、容器の手触り……懐かしさに涙が出そうになりました。もちろん、容器はきれいに洗って。さて、何を入れようかな。

シャトレーゼ
〈共立興産〉で作られた容器にアイスを入れて「メロンだまシャーベット（無果汁）」という名前で販売されている。
www.chateraise.co.jp

大きすぎず、小さすぎずの絶妙な量。
子どもの頃はもっと大きかった記憶があったけれど、私が大きくなったのでした……。

フルーツを巡る旅

# FRUITS PATROL

...5,

# 家でもフルーツ

いちご

買ってきたいちごはパックから出して大きなボウルへ。まずはヘタ取りの作業を。

## かわいくておいしいフルーツの代表選手

　私の中で、かわいいフルーツの代表格は、なんといってもいちごです。赤くてまあるいその姿を眺めているだけで、なんだかほのぼの。それに加えておいしいのだから、たまりません。「あまおう」「とちおとめ」「女峰」「紅ほっぺ」「ゆめのか」……最近、スーパーでもたくさんの種類が並ぶようになりました。

　中には白いいちご、なんていうのもあったりして、びっくり。この先、もっともっといちごの種類は増えるんだろうなぁ。

　フルーツ専門店で見かける、まるで宝石のようないちごも魅力的ですが、私が好んで買うのは、粒が小さめ、大きさもばらばらのいちごです。甘いだけでなくきちんと酸っぱさもあって、そのまま食べるのはもちろん、おやつ向きでもある。1パックで300円くらいとかわいい値段も気に入っています。この小さないちごが出回るのは毎年3月を過ぎた頃。いつも2、3パック買って、マリネにしたり、いちごワインにしたり、シロップやジャムにしたりと大忙し。この時期を逃してなるものかと、毎日毎日せっせと食べます。

　台所に立って作業をしていると、甘い香りがいっぱいに広がって、幸せな気持ちに。春一番のたのしみになっています。

## いちごシロップ

**材料**
いちご…1パック
砂糖…いちごの重量の半量

**材料**
いちごに砂糖を加えてしばらく置く。鍋に入れて強めの中火にかけ、6〜7分ほど煮る。こしたら、いちごシロップのできあがり。

# いちごワイン

**材料**
いちご…2パック
白ワイン(辛口のもの)…1本
はちみつ…少々

**材料**
すべての材料を容器に入れて、ひと晩置く。
冷やすとおいしい。

# あんず

## あんずの季節の恒例行事

　あんずはそのまま食べるより、砂糖を加えてジャムやコンポートにするほうが好み。砂糖の甘みが、あんず特有の酸味を引き出して、ぐっとおいしくしてくれるから。毎年、あんずの季節になると農園に出向いたり、取り寄せたりして1年分のあんずジャムを仕込むのですが、それも今年で10年目。もはや欠かすことのできない初夏の年中行事になっています。「ジャムは買うもの」そう思っているあなた、作ってみると思いのほか簡単なのでぜひ挑戦してみてほしい。コツさえつかめば、おいしくできるし、その作業は実験のようでもあってなかなかたのしいものです。パンにつけたり、ヨーグルトに入れたり、チーズに添えたりと、あんずジャムがあると毎日の食卓が豊かにもなるのでとてもおすすめ。

　それからもうひとつの気に入りは煮汁の氷割り。とろーりあまいネクターのような飲み物になるのでこちらもぜひおためしあれ。そうこうしているうちに気がつくとあれ？　台所中が甘酸っぱい香りに包まれている。手作りの醍醐味は、こんなところにもあるのです。煮立ってからおよそ10分。火を止め煮沸した瓶に入れて、口をキュッと閉めたら季節の味がギュギュッとつまったジャムができあがり。ほかのフルーツでも応用できるのでいろいろ作ってみてはいかが。

# あんずジャム

**材料**
あんず…1kg
グラニュー糖…500g

**材料**
半分に割ったあんずを鍋に入れ、砂糖を混ぜてしばらく置く。砂糖の浸透圧で水分が出てきたら火にかける合図。
強火にし、ぐつぐつと煮立ったら火を弱め（強めの中火くらい）、木べらでまんべんなくかき混ぜる。途中、アクをすくいながら15分ほど火を通し、瓶に詰める。

### タルティーヌ
あんずジャムのタルティーヌには、風味のいい発酵バターを。冷蔵庫から出したての冷え冷えのをたっぷり、がおすすめ。

### コンポート
あんずジャムを作る途中、煮崩れる前に火を止める。よく冷やしてどうぞ。

### 煮汁の氷割り
ジャムを煮る時に出る煮汁を氷で割るととろりとあまい飲みものに。作った人だけの特権。

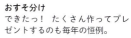

**おすそ分け**
できたっ！ たくさん作ってプレゼントするのも毎年の恒例。

家でもフルーツ

缶詰

缶詰はサンヨーのものを。どこか懐かしさあふれるデザインが好き。

開けた様子もかわいい缶詰フルーツ。

## 缶詰フルーツのとっておきレシピ

　私が子どもの頃、おやつのほとんどが母の手作りでした。マドレーヌにシュークリーム、型抜きクッキー……それぞれに思い出がぎゅぎゅっとつまった懐かしの味なのですが、中でも時々食べたくなるおやつが缶詰のフルーツをたっぷり使ったフルーツポンチです。

　白桃、黄桃、パイナップル、みかん、さくらんぼの缶詰にフレッシュなりんごとバナナ、キウイを入れるのが母の定番。りんごは薄切り、それ以外のフルーツは食べやすい大きさに切り、桃とパイナップルのシロップと三ツ矢サイダーを注いだらできあがり。子どもに大人気とあってお誕生日会や何かの集まりの時には必ず作ってくれるデザートなのでした。

　今日はくりぬいたスイカを器にしたフルーツポンチを。母のレシピにちょっとアレンジしていちじく、白桃、黄桃、さくらんぼ、パイナップル、みかんの缶詰と、バナナとキウイ、それからスイカの果汁を入れて初夏らしいさわやかな味にしてみました。フルーツの数だけ味わいの広がりはあるかと思うとフルーツポンチって奥が深い。季節を問わず使えるので、意外な組み合わせも可能に。

　これからは缶詰フルーツのパトロールも時々しなくてはね。

## フルーツポンチ

**材料**
いちじく、白桃、黄桃、パイナップル、
　さくらんぼ、みかん（缶詰）…好みの分量
バナナ…2本
キウイ…1個
小玉スイカ…1個
サイダー…適量

**作り方**
1　いちじく、白桃、黄桃、パイナップルは食べやすい大きさに切る。缶汁は取っておく。さくらんぼとみかんは缶汁を切っておく。
2　バナナとキウイは食べやすい大きさに切る。
3　小玉スイカは中身をくりぬき、実をくりぬいて種を取り、食べやすい大きさに切る。
4　すべての材料をスイカの中に入れ、缶汁とサイダーを好みの量入れる。

**サンヨー堂**
1880年、広島で創業。1985年、あんず缶詰等で農林水産大臣賞を受賞。全国向けに缶詰をはじめ、フリーズドライなども販売する。直接の販売は行っておらず、使った缶詰は「かんづめ屋」（八百源）で入手可。
www.shun-fruits.com

色合いを考えながら、スイカに詰めていきます。ふたを開けると歓声が上がる、かわいいデザート。

# いちじく

この横からの角度がとても好き。買ってきたら、パックから取り出ししばし姿を愛でます。

## 秋の訪れを告げるいちじく

　夏が終わりに近づいてくると、いちじくの季節がやってきます。

　甘さも酸味も歯ごたえも、それからフルーツに求めることの多いジューシーさも、特にどこかが突出しているわけではないのに、食べるたびしみじみとおいしいと思うなんとも不思議なフルーツ、それがいちじく。

　この魅力はなんなのだろう？ とじっくり味わってみても、どこをどう褒めていいのやらわからずじまい。つかみどころがなくて、でもなんだか気になる。そうか、いちじくは謎めいた美女っぽいのだ！ と気づいたのでした。姿も香りも、色っぽいものね。

　さてこの美女ですが、そのまま食べるのもいいけれど、ジャムやコンポートにするのはもちろん、生ハムと合わせたり肉料理のつけ合わせにしてもいい。でしゃばらず、さりげなく。ひそやかに主役を盛り立てるところも、さすがいい女といったところではありませんか。

　桝井ドーフィン、バナーネ、とよみつひめ、カルフォルニアブラック、レディホワイト、ヌアールドカロン……一口にいちじくと言っても品種はさまざま。最近では、デパートやフルーツ屋さんでいくつか取りそろえているところも増えて、いちじく好きとしてはうれしいかぎり。食べ比べてみると、持った感触、実の色合い、喉を通り抜ける時の香り。同じ品種でも、産地が違ったり、熟し具合が違うと、味わいもまた変わるから不思議です。

　いちじくの季節は、ああこのまま年中食べられたらいいのに！ と思うけれど、私の気持ちなどつゆ知らずといった感じで秋が終わる頃、あっさりと姿を消してしまう。ちょっと冷たいんじゃないの？ と思うけれど、この感じもなかなか嫌いじゃないのです。

　さて今回は気に入りの食べ方をご紹介。手で食べやすい大きさに割いたいちじくは、生ハムをはらりと盛ってワインと。ワインが残ったら、スパイスとともに煮てコンポートを作ります。そうそう、ジャムも作らないとね。

　夏の気だるさが残るこの時期、梅仕事ならぬいちじく仕事は、季節を感じさせ、冬に向かう準備を整える大切な仕事。かぐわしい匂いを全身で受け止めながら、せっせといちじくに向き合うのです。

## いちじくのコンポート

**材料　作りやすい分量**
いちじく…3個
砂糖…大さじ5
バニラビーンズ、八角、クローブ…適量
赤ワイン…2カップ

**作り方**
小鍋にすべての材料を入れ、10分ほど弱火で煮る。

## いちじくジャム

**材料　作りやすい分量**
いちじく…5個
砂糖…いちじくの重量の半量
水…いちじくが半分顔を出すくらいの量

**作り方**
一口大に切ったいちじくと砂糖、水を鍋に入れ、強めの中火にかけ、10分ほど煮詰める。煮沸消毒した瓶に入れる。10日ほどで食べきる。

## 生ハムを添えて前菜に

## ヨーグルトとおやつに

メロンやパパイヤなど、
生ハムと相性のよいフルーツは
いろいろありますが、
なんといっても私は
いちじくと食べるのが好き。
手で割ったいちじくの上に
生ハムをふわりとのせて、
黒こしょうをふっていただきます。

ヨーグルトはこんな風にもりつけると、ちょっと洒落た感じに。
少しクセのあるハチミツと合わせて。

家でもフルーツ

## りんご

### りんごのおやつ

　冬のフルーツといって、すぐに思い浮かぶものといえば、りんごではないでしょうか。赤くて、ころりとしていて。かわいらしいその姿が好きで、この季節たくさん買っては、ガラスの器に入れてキッチンやリビングに飾って愛でています。

　ふじ、秋映え、千秋、あずさ、アルプス乙女、ジョナゴールド……ファーストレディにピンクレディー!?　最近いろいろな銘柄が出回っていて、フルーツ売り場はとても華やか。甘みの強いもの、酸味のあるもの、しゃきしゃ

きしたもの、ジューシーなもの……。種類によって、味わいや食感がかなり違うので、いろいろ食べ比べてみて、好みのものを見つけるのもまた楽しいものです。

　私の好みは酸味の強い紅玉。コンポートにしたり、ソテーしたり、焼きりんごにしたり。タルトタタンや、赤ワイン煮や、白ワイン煮もいいなあ。

　火を入れても身がしまったままなので、お菓子向き。生のままで食べるのとは一味ちがうおいしさを引き出してくれるのです。

　今日はシロップで煮たコンポートと、バターでソテーしてバニラアイスを添えた、私の大好きなりんごのおやつを2品。

　手軽に作れて、とびきりおいしい、冬のおやつ、ぜひおためしあれ。

シナモンパウダーを
ふってもおいしい。

## りんごのソテー
## バニラアイス添え

**材料**
りんご（紅玉）…1個
バター…適量
砂糖…大さじ1
バニラアイス…適量

**作り方**
輪切りにしたりんごをたっぷりのバターで
ソテーし、砂糖をふって火を通す。バニラ
アイスの上にソテーした熱々のりんごをの
せる。

## りんごのコンポート

**材料**
りんご(紅玉)…1個
砂糖…大さじ3
好みのスパイス(バニラビーンズと
　ピンクペッパー、クローブなど)…適量

**作り方**
りんごは皮をむき、8等分にする。鍋に、りんご、皮とひたひたの水(分量外)、砂糖、スパイスを加え、弱火で10分ほど煮る。

しばらく置くと、皮のピンク色がりんごに染み込んできれいな色合いに。

レモン

## 暮らしにレモン

　魚やきのこのフリットにキュッとかけたり、スライス1枚をお茶に浮かべたり。レモネードとビールを半々に割ったパナシェは春から夏の終わりにかけての食前酒にちょくちょく登場。ジャム作りにも欠かせないなぁ……こうして考えてみると、ふだんから、このころりとした黄色いフルーツにはとてもお世話になっているのです。

　独特の爽やかな酸味は、料理やお菓子の味の引き締め役。時々、家にレモンを切らしていると、少々不安になってしまう、私にとって、そんな存在。皮ごと使う場合も多いので、できれば無農薬のものが安心。どこかいい農園はないものかしら。そう思っていた矢先に出会ったのが〈大三島リモーネ〉のレモンでした。

　味はとっても野生的。愛媛の太陽の下で自由にスクスク育った様子がゴツゴツした見かけからうかがえます。それ見たさに届いてしばらくは、かごに入れてキッチンに置き、ながめます。

　今日は、はちみつ漬けとレモンチェッロを。レモン塩も仕込もうかな。ちょっと手を加えると苦味が出たり爽やかさがさらに増したりするから、料理のしがいもあるというもの。だから、レモン好きはやめられないのです。

**大三島リモーネ**
有機、無農薬栽培に取り組む山﨑学・知子さん夫妻。グリーンレモンは10月中旬、レモンは12月、はっさくは3月ごろ収穫・発送可能。事前の受付はHPで確認を。レモンは1キロ1,500円（予定）。

**住所**　愛媛県今治市上浦町瀬戸2342
**電話**　0897-87-2131

## レモンチェッロ

薄くスライスした皮をスピリタスに漬け1週間。皮を取り除いてシロップを注いだらレモンチェッロの完成。食後酒にぴったり。よく冷やしてどうぞ。

# レモンの
# はちみつ漬け

皮ごと薄くスライスしたレモンを煮沸消毒した瓶に入れ、はちみつを加える。炭酸で割ったり、お湯で割ったり。いろんな味わいのはちみつで。

# FRUITS PATROL

# 6.

# フルーツの手土産

ハヤシフルーツの
パインゼリー

## わたしのとっておき

　りんごを丸ごと1個使った焼きりんご、スイカの器のフルーツポンチ、お祭りの定番チョコバナナ……愛らしいフルーツの形をそのまま残したおやつに心惹かれる私。中でもハヤシフルーツのパイナップルゼリーはかわいさといい、インパクトの大きさといい、他の追随を許さない存在感ではないかな。

　フィリピン産の熟したパインをジュースにして作るというこのゼリー、加糖をほとんどしていないそう。なるほどパインの味を存分に楽しめつつも後味すっきりさっぱりなのは、そのせいなのですね。

　ところで真横から見ると表面が丘のようにこんもりと盛り上がっているのです。一体これはどういうこと？　毎度不思議に思っていたので、お店の方にたずねました。すると「まず容器となるパインになみなみとゼリー液を注ぎます。表面が固まり出したら、そこに切り込みを入れて表面張力を利用し、少しずつ増やしていきます」という驚きの答えが返ってきました。

　一見、とてもシンプルなデザートですが、手間ひまかけて作られている。ありがたいことです。

　ふだんは手土産に持っていくことが多いパインゼリー、いつか独り占めしたいものだと目論んでいます。子どもの夢みたいに。

パインゼリーは予約が確実。プルン、ツルンとしたこの姿に歓声が湧き上がること間違いなし。

小さな器にとっていただきます。

**ハヤシフルーツ**
創業80年を迎える老舗、都内を中心に百貨店、駅ビルで青果などの販売店を展開。

**住所**　東京都渋谷区道玄坂1-12-1 東横のれん街（渋谷マークシティB1）
**電話**　03-3477-4334（売場直通）
**営業時間**　10：00〜21：00
**定休日**　不定休

京橋 千疋屋の
自家製 ロイヤルマスクメロンシャーベット

# キング・オブ・シャーベット

　いつか晴れやかな日に食べたい……そう願っていたとっておきのデザート、京橋 千疋屋の「自家製　ロイヤルマスクメロンシャーベット」を取り寄せてみました。大人ですもの、時には自分をもてなしてもいいではありませんか。

　そもそものきっかけは、友人の「知ってる？〈京橋 千疋屋〉のメロンのシャーベット。すごいんだから」という言葉でした。食いしん坊の言うことですもの、おいしいのは分かるとしても、含みをもたせた「すごいんだから」というその言葉。いったい、どんな味なんだろう？と興味津々。さて。さっそく届いた包みを開けると、そこに現れたのは、うやうやしい桐の箱。箱の中には、ヘタの帽子がちょこんとのったメロンまるごと一個のシャーベットが。さすがフルーツの王様。その堂々としたいでたちにまずは敬服。そして、包みを開けた瞬間から香る、深い甘みを思いきり吸い込んで、早くも満足。

　口の中に入れるとシュッと溶ける軽やかさ。その後、広がるメロンの香りと風味。メロンなのに、メロンよりもなんだかメロンらしい、ほんとに「すごい味」。独り占めもいいけれど、大切な誰かにプレゼントもいいなぁ。喜んでくれること間違いなしです。

贈答用に、と求めるお客様が多いというのも納得の愛らしさ。

左：冷凍庫から出して少し柔らかくなったところをすくっていただきます。
右：そのままいただくのはもちろん、シャンパンと一緒も最高。メロンの風味がより引き出されます。

**京橋　千疋屋**
京橋　千疋屋の「自家製 ロイヤルマスクメロンシャーベット」(桐箱入り)はまるごとメロンにシャーベットが入っている。通販か、店舗の場合は2日前に予約で購入可能。10,000円。

**住所**　東京都中央区京橋1-1-9
**電話**　03-3281-0300
**営業時間**　10：00(土日11：00)〜18：00
**定休日**　第2・4日曜日

## レモンケーキいろいろ

### ほっとするお菓子

スタイリストという仕事柄かそれともただの食いしん坊だからか？ 日本全国津々浦々のおいしいものが集合する我が家。友人知人が旅した先で地元の銘菓を目にすると、なぜだか私の顔が思い浮かぶ……なんてことを言ってくれる人も多くて、甘い物好きとしてはうれしいかぎりです。

さて、そんな中でもここ一番のヒットが広島土産、〈みしまや〉のレモンケーキ。黄色い包装紙を開けると現れるのはレモン型の小ぶりなケーキ。一口食べると懐かしさがこみあげると同時になんだか温かい気持ちに包まれるから不思議。もしかしたら子どもの頃のおやつの時間を思い出すからかもしれないなあ。

「このレモンケーキができたのは今から30年ほど前。レモンの皮をピュレにしたこともあったのですが、いつも来てくれるお子さんに『皮が苦手』と言われまして、以来、レモンのペーストを入れた今の形になりました。老若男女問わず、皆様においしく食べていただけるといいな、そう思って作っています」とおっしゃるのは〈みしまや〉の井上豪さん。試行錯誤を重ねて今のレシピに落ち着かれたとか。「ここ生口島の瀬戸田はレモンの生産が盛ん。じつは半径300メートル以内に6軒のお菓子屋さんがあるのですが、その6軒すべてでレモンケーキを作っています」と井上さん。

6軒!?!? いつかレモンケーキ巡りをしてみたいものです。

さて、今回は集められる限りのレモンケーキを食べ比べ。ずらりと並べると、同じレモンケーキでも、大きさやホワイトチョコレートのかかり具合がちがって見た目もいろいろ。

もちろん味もマーガリンやバターの量の多い少ないで、こっくりしたりさっぱりしたり。ピール入りも一味ちがっておいしいな……なんて発見もあったりしてなかなか興味深い。

でもすべてに共通するのは「懐かしい」そして「ほっとする」というところ。そんなお菓子ってなかなかないんじゃないかな？

アンデルセン、松愛堂、虎屋本舗、みしまや瀬戸田、茂木一〇香本家、パティスリー1904より。気になるものを集めた結果、広島で作られたものが多かったのはやはりレモンの生産が盛んだから？

### みしまや瀬戸田（みしまや饅頭店）

明治43年創業の老舗饅頭店。レモンケーキのほか、みしま饅頭も人気。広島県のアンテナショップなどでも取り扱っている。

住所　広島県尾道市瀬戸田町沢 209-17
電話　0845-27-0156
営業時間　7:00〜18:00
定休日　火曜日

パリのフルーツ手土産

あれと、これと……と言いながら詰めてもらったコンフィ。
桃、クレモンティーヌ、あんず、いちごはヘタつきのまま。

# パリ de パトロール

　4年ぶりにパリを旅してきました。ご無沙汰過ぎるパリに興奮したのか時差ぼけも手伝い朝の4時から目がぱっちり。でも大丈夫。到着した翌日はちょうどマルシェがいくつも立つ日なのです。日本から持って来たかごを片手に朝の7時前からマルシェをはしごし、まずは目当てのアジャン地方のプルーンを2キロ。ビオのドライいちじくとドライあんずをそれぞれ1キロずつ買ってひと安心。滞在中、ホテルで食べる野生のいちごとさくらんぼ、それからあんずも買って気がつけばものすごい荷物に。2日目からは友だちと食事したり、美術館に行く合間を縫ってお菓子屋さん巡りを。

　パリで一番古いといわれる「ア・ラ・メール・ドゥ・ファミーユ」ではフルーツのコンフィやオレンジピール。「ジャック・ジュナン」では噂のパートドフリュイ。ボン・マルシェのジャム売り場も行っておかないと……とこんな具合の充実した毎日。1週間の滞在ではちっとも足らず、スタイリストたるものこの美しくておいしい街にまたすぐにでも来よう！と心に誓ったのでした。

マルシェや最近できたビオの店、デパートで手に入れたジャムなど。

パリに住む友人のおすすめのラスパイユ市場のドライフルーツ屋さんで買った、あんずやプルーン。

ちゃんとおいしいフルーツ味の飴。かわいいね。

フルーツの手土産

# 北欧のフルーツ手土産

スウェーデンで買ってきたクネッケに手作りジャムとクリームチーズを。

## 初夏の北欧パトロール

　夏にフィンランドとスウェーデンを旅してきました。北欧を訪れたのは10年ぶりでしたが、変わらず人は温かで、おだやか。10日ほどの滞在でしたが、帰る頃にはすっかりこちらものんびり気分。よい休暇だったなぁ。もちろん北欧でもフルーツパトロールはおこたりません。ヘルシンキやストックホルムでは、市場をのぞいたり食材屋を巡ったり。市場でも、スーパーでも、ブルーベリーやラズベリー、グーズベリーなど、色とりどりのベリーが並んだ姿はそれはかわいくて、見つけるたびに買っては、初夏の味を楽しみました。中でも一番の思い出はスウェーデンの田舎で泊まったホテルの周りでのブルーベリー摘み。森の中は見渡す限りブルーベリーのブッシュ！　摘んでも摘んでも摘みきれないという、ベリー好きには天国のような場所で過ごしたあの時間を今も時々思い出しては、幸せな気持ちにひたっています。

　森で摘んだブルーベリーは、砂糖で軽く煮てジップロックに厳重に包んで日本へ。帰ってきてルバーブやラズベリーとともにジャムに。次回はキッチンつきの部屋を借りて、本格的にジャム作りをしようかと目論んでいます。

小箱の中に入っているのは、レーズン。
バッグに入れて持ち歩き、お腹が空いたらパクリ。

ベリー入りのミューズリーは素朴な味わい。
はちみつやヨーグルトとともに。

左上：エステルマルムサルホールという広場で「リンゴンベリー」を購入。
左下：ブックストアで料理本を何冊か。フルーツを使ったレシピがたくさん。

フルーツの手土産

## おわりに

春にはいちごが、
初夏にはあんずやさくらんぼが。
秋には栗が。
冬にはりんごが。

西へ東へ、北へ南へ。
その季節にしかないフルーツを、
追っかけては味わって……
私の一年は忙しい。

一年終わると、また次の季節がやってきます。
さて、今年はどんな味かな？
豊作だといいなぁ。
どうか天候に恵まれますように。
そう、おいしいフルーツが食べられるのは、
作っている人のおかげ。
ありがたい気持ちでいっぱいです。

そのフルーツを使って、
パフェやお菓子を作ってくれる料理人の方々にも、
大きな声でありがとうと言いたい。

この本が出る頃きっとまた、
たわわに実ったフルーツに会えることでしょう。
パトロールはこれからもずっと続きそうです。

2019年　初夏　伊藤まさこ

ブックデザイン　茂木隆行
撮影　　　　　長野陽一
　　　　　　　日置武晴（P122〜131）
表紙パフェ製作　鶴見昂

＊この本は、雑誌「Hanako」(1097〜1160号)の連載に
　加筆・修正をし、あらたな取材を加えて再編集したものです。

## フルーツパトロール

2019年6月14日　第1刷発行

著　者　伊藤まさこ
発行者　鉃尾周一
発行所　株式会社マガジンハウス
　　　　〒104-8003　東京都中央区銀座3-13-10
　　　　書籍編集部　☎03-3545-7030
　　　　受注センター　☎049-275-1811
印刷・製本　大日本印刷株式会社

©2019 Masako Ito, Printed in Japan
ISBN978-4-8387-3052-0 C0095

乱丁本、落丁本は購入書店名明記のうえ、小社制作管理部宛てにお
送りください。送料小社負担にて、お取り替えいたします。ただし、
古書店等で購入されたものについてはお取り替えできません。
定価は帯とカバーに表示してあります。
本書の無断複製（コピー、スキャン、デジタル化等）は禁じられて
います（ただし、著作権法上の例外は除く）。断りなくスキャンや
デジタル化することは著作権法違反に問われる可能性があります。

マガジンハウスのホームページ
http://magazineworld.jp/